AF550803

suhrkamp taschenbuch 5448

Thomas Strässle

Fluchtnovelle

Suhrkamp

4. Auflage 2024

Erste Auflage 2024
suhrkamp taschenbuch
Originalausgabe

Umschlagfoto: Corinne Futterlieb
Umschlaggestaltung: Rothfos & Gabler, Hamburg
Druck und Bindung: CPI books GmbH, Leck
Printed in Germany
ISBN 978-3-518-47448-8

Suhrkamp Verlag AG
Torstraße 44, 10119 Berlin
info@suhrkamp.de
www.suhrkamp.de

Fluchtnovelle

Für die, von denen dieses Buch handelt.

1 Der Kopf

Kein Körper, nur ein Kopf. Wie nach einer Hinrichtung. Als ob ihn jemand aus dem Korb genommen und da hingepflanzt hätte. Er ruhte auf einem mächtigen Sockel, doch eigentlich ruhte er auf dem Polster seines ausladenden Bartes. Hohe Stirn, scharfe Nase, grimmig verzogener Mund und eine seltsam steif nach hinten verwehte Frisur. Die Augen musste man zwischen Stirn und Bart suchen, trotzdem fühlte man sich von ihrem Blick gefangen, sobald man die Stufen zum Denkmal betrat. Der Kopf war kantig, wie mit grobem Werkzeug aus schwerem Metall geschnitten, der Gesichtsausdruck ernst und kalt.

Er stand im Zentrum der Stadt, an einem Platz, der keiner war, eher die Ausbuchtung einer an sich schon breiten Straße. Rundherum die grauen, gesichtslosen Häuser mit den vielen Fenstern und den vielen Platten, wie man sie überall sah. Der Kopf blickte von seinem Sockel auf einen kleinen Park und eine große Halle auf der gegenüberliegenden Seite. Hätte er sich umschauen können, wäre er immer nur auf die gleichen trostlosen Neubauten gestoßen. Hinter ihm eine hohe, dunkle Wand mit Inschriften, die ich noch gar nicht lesen konnte, als ich die ersten Male dort war.

Obwohl ich sie seit jüngsten Jahren kannte, sah für mich die Innenstadt eigentlich überall gleich aus. Oft bin ich als Kind mit der Familie, mit Mutter, Vater und Schwester, durch die Straßen gezogen, wenn wir bei der Großmutter zu Besuch waren. Wir konnten ja nicht tagelang in ihrer kleinen Wohnung am Stadtrand herumsitzen.

Nur wussten wir nie so recht, was wir mit uns anfangen sollten. Die Stadt hatte nicht viel zu bieten. Meist liefen wir ziellos umher und ich rannte herum, um meinen Übermut loszuwerden, oder wir gingen auf den Markt oder setzten uns in ein

Café. Wenn es kalt war und geheizt werden musste, war die Luft bräunlich verfärbt. Im Staub, der sich auf die Autos gelegt hatte, konnte man mit dem Finger Zeichnungen machen.

Meine einzige Orientierung war der Kopf. Überlebensgroß, wie er war, musste er selbst auf Erwachsene einschüchternd wirken, und erst recht auf einen kleinen Jungen. Ich schaute immer zu ihm hoch, wenn wir daran vorbeikamen, und wenn wir herumschlenderten, tauchte er unvermutet hinter der nächsten Straßenecke wieder auf.

Ich wusste auch, wem er gehörte, meine Eltern hatten es mir gesagt.

Als wir wieder einmal darauf zugingen, rannte ich plötzlich los. Niemand rief mir hinterher, es war ja nichts Besonderes, nur hatte ich diesmal ein Ziel.

Von weitem hatte ich bemerkt, dass beim Kopf Blumen auf dem Boden lagen, ein Strauß mit roten Blüten. Das hatte ich noch nie gesehen und dachte, es hätte sie dort jemand versehentlich liegen lassen.

Also rannte ich hin, um sie zu holen, und wieder zurück, um sie meiner Mutter zu überreichen.

Sie kam gar nicht dazu, sich darüber zu freuen. Meine Großmutter war in heller Aufregung, schaute mich entsetzt an und blickte sich ängstlich um, ob jemand die Szene beobachtet hatte.

Als sie nichts Auffälliges sah, nahm sie meiner Mutter die Blumen sofort wieder aus den Händen und brachte sie eilends dorthin zurück, wo sie ihrer Meinung nach hingehörten.

Später behauptete sie, der Kopf sei von da an bewacht worden. Aber das hatte sie sich nur so eingebildet.

2 Gesichtertausch

»Das ist aber ein komisches Bild.«

Der Gemeindebeamte sah auf und blickte sein Gegenüber fragend an.

»Da bin ich halt noch ein wenig jünger.«

Unschlüssig hielt der Beamte das Passfoto in der Hand, drehte und wendete es, als könne er ihm dadurch neue Ansichten abgewinnen, und schaute dann wieder zu der jungen Frau auf der anderen Seite des Tisches.

Sie wirkte nicht angespannt, eher schien es ihr etwas unangenehm, dass sie sich nicht die Mühe gemacht hatte, ein neueres Bild aufzutreiben.

Der Beamte wollte nicht misstrauisch sein, und dennoch zögerte er.

Das Gesicht auf dem Bild und das Gesicht seines Gegenübers waren nur mit einiger Fantasie in Übereinstimmung zu bringen.

Er versuchte sich zu erinnern. Sie waren ungefähr gleich alt und kannten sich seit Kindertagen. Sie hatten zusammen Theater gespielt und waren miteinander im Turnverein gewesen, sie hatten sich immer gemocht. In den letzten Jahren war der Kontakt unregelmäßig geworden, man begegnete einander noch ab und zu auf der Straße oder bei Anlässen im Dorf.

Hatte sie wirklich einmal so ausgesehen?

Die junge Frau auf der anderen Seite des Tisches war die ehemalige Freundin meines Vaters. Sie lebte in einem kleinen Dorf in der Ostschweiz, in überschaubaren Verhältnissen. Man kannte sich. Als Lehrerin war sie im ganzen Dorf beliebt.

Ihr Vater stammte aus Leipzig und war unmittelbar vor dem Krieg als Kurarzt nach Arosa und später ins Rheintal in der Nähe von Sargans gezogen. Von Besuchen bei Verwandten und aus deren Erzählungen wusste sie über die politischen Verhältnisse im geteilten Deutschland sehr viel besser Bescheid, als es damals Mitte der sechziger Jahre in der Ostschweiz üblich war.

Das machte es meinem Vater leichter, sie für seinen Plan zu gewinnen – einen Plan, der einige Jahre vor meiner Geburt gefasst wurde und ohne den es mich wohl gar nicht gäbe, zumindest nicht so, wie ich bin.

Er wollte seine ehemalige Freundin dazu bewegen, einen Schweizer Pass für ihn zu besorgen: auf ihren eigenen Namen, aber mit dem Bild seiner neuen Freundin aus der DDR.

Lange hatte er auf sie eingeredet und ihr genau geschildert, was er beabsichtigte. Er hatte herzuleiten versucht, dass die Tat, zu der er sie anstiften wollte, zwar nicht legal war, aber durch ein übergeordnetes moralisches Interesse gerechtfertigt.

Die ehemalige Freundin war sehr religiös und hatte Bedenken, einen Betrug zu begehen, der nicht mit ihrem Gewissen zu vereinbaren war. Doch mein Vater konnte sehr ausdauernd sein, wenn er etwas unbedingt wollte. Als er immer weiterredete und sie immer eindringlicher bat, ließ sie sich schließlich herbei zu einer Aktion, die ihr insofern vertretbar schien, als dadurch wenigstens niemand zu Schaden kommen würde.

Zu dem Zeitpunkt, als sie dem Gemeindebeamten gegenübersaß, war sie schon seit einigen Monaten nicht mehr mit meinem Vater befreundet – nicht mehr befreundet in dem Sinn, dass sie auf ihn oder er auf sie hätte Ansprüche erheben können. Inzwischen war sie selbst eine neue Beziehung eingegangen, mit einem Schmied aus der Region. Vielleicht fiel es ihr deshalb leichter, zu tun, worum mein Vater sie bat. Vielleicht sagte sie sich auch nur: Ich tue ihm noch diesen Gefallen, dann ist die Geschichte endgültig abgeschlossen.

Das Bild selbst hatte mein Vater von seinem letzten Besuch bei meiner Mutter in Dresden mitgebracht. Bevor er mit ihr zu einem Passbildfotografen ging, hatte er alles unternommen, sie wie die ehemalige Freundin aussehen zu lassen.

Beide hatten dichtes dunkelblondes Haar, das ähnlich fiel und in der Mode der sechziger Jahre kinnlang geschnitten war, sodass die Frisuren einander angeglichen werden konnten. Das Schwarz-Weiß des Fotos verwischte die farblichen Nuancen. Auch zwischen den Gesichtern gab es Ähnlichkeiten: Die Augenpartien glichen sich, ein wenig auch die Stupsnasen und die schmalen Wangen, weniger die Lippen und die Formen des Kinns. Aber mein Vater übte mit meiner Mutter ein Spiel der Mundwinkel, wie er es von seiner ehemaligen Freundin kannte. Selbst an die Kleider hatte er gedacht, er hatte ihr eine Bluse mitgebracht, damit sie modisch nicht auffiel.

Sie benötigten etliche Anläufe, bis er endlich mit einem Bild einigermaßen zufrieden war. Mehr Übereinstimmung ließ sich nicht herstellen. Und dennoch brauchte es einen befangenen Betrachter wie den jungen Gemeindebeamten, um über die Unterschiede hinwegzusehen.

Noch immer hielt er das Passfoto unschlüssig in der Hand und dachte nach.

Da ihn die junge Frau auf der anderen Seite des Tisches beobachtete, gelang es ihm nicht, sich ihr früheres Gesicht vor das innere Auge zurückzurufen. Aber er konnte sich nicht vorstellen, dass sie ihn täuschen wollte. Und aus welchen Gründen sie dies tun sollte.

Also ließ er die Sache auf sich bewenden und akzeptierte das Bild für den beantragten Pass.

»Gut, dann tun wir es halt hinein.«

Er würde es weiterleiten an das kantonale Passbüro, um das neue Dokument ausstellen zu lassen.

Während mein Vater darauf wartete, dass die Behörde den neuen Pass ausstellte, übte er die Unterschrift meiner Mutter. Genauer gesagt übte er nicht ihre eigene Unterschrift, sondern den Schriftzug, mit dem sie den Namen seiner ehemaligen Freundin schrieb.

Er würde damit das Dokument für sie unterzeichnen.

Wer durch Täuschung bewirkt, dass ein Beamter oder eine Person öffentlichen Glaubens eine rechtlich erhebliche Tatsache unrichtig beurkundet, namentlich eine falsche Unterschrift oder eine unrichtige Abschrift beglaubigt,

wer eine so erschlichene Urkunde gebraucht, um einen andern über die darin beurkundete Tatsache zu täuschen,

wird mit Zuchthaus bis zu fünf Jahren oder mit Gefängnis bestraft.

Wer in der Absicht, sich oder einem andern das Fortkommen zu erleichtern,

Ausweisschriften, Zeugnisse, Bescheinigungen fälscht oder verfälscht,

eine von einem Dritten hergestellte Schrift dieser Art zur Täuschung gebraucht,

echte, nicht für ihn bestimmte Schriften dieser Art zur Täuschung missbraucht,

wird mit Gefängnis oder mit Buße bestraft.

Die Tathandlung besteht im Fälschen (= Totalfälschung) oder Verfälschen (= eigenmächtiges, nachträgliches Abändern) oder im Gebrauch eines unechten Ausweises oder im Missbrauch eines echten Ausweises.

Schweizerisches Strafgesetzbuch (1937/1942),
Art. 253, 252:1 und Kommentar

3 Im Haus der Roten Armee

SIE Anfangs hielten wir sie für Tschechen. Wir sind an dem Abend relativ spät in Erfurt angekommen, zu einer Exkursion der Kunsthochschule Dresden, und da hat man uns gesagt, im ›Haus der Roten Armee‹ sei eine Gruppe von jungen Tschechen, die sich gern mit uns unterhalten würden. Also sind wir hingegangen, meine Freundin und ich, zumal wir vorhatten, im darauffolgenden Jahr in die Tschechoslowakei in den Urlaub zu fahren. Wir dachten, vielleicht lernen wir ein paar Leute kennen, bei denen wir dann billig unterkommen können.

ER Mir war langweilig an dem Abend, weil nichts im Kino lief. Und ich hatte keine Lust, mit der Seminargruppe aus Zürich herumzusitzen. Wir befanden uns auf einer Studienreise zu den Gedenkstätten in Weimar, zu Goethe und Schiller. Da hat uns jemand mitgeteilt, eine Gruppe von Kunststudierenden aus Dresden halte sich in der Stadt auf und würde gerne mit Studenten aus der Schweiz reden. Also bin ich hingefahren, zusammen mit einem Freund, den ich im Studium kennengelernt hatte.

SIE Als wir eintrafen, war das Lokal rappelvoll. Eine Band hat gespielt und es wurde getanzt. Zwei Jungen aus meiner Seminargruppe hatten einen Platz an einem Tisch, und als sie sahen, dass alles besetzt war, haben sie uns ihre Plätze angeboten. Wir setzten uns dazu, kannten aber niemanden an dem Tisch.

ER Wir hatten uns über einem Bier mit einem russischen Soldaten angefreundet, mit dem wir uns lebhaft unterhielten …

SIE … sie haben sich einfach gegenseitig unablässig auf die Schultern geklopft, weil sie sich nicht verständigen konnten …

ER ... es war sehr laut. Jedenfalls saßen uns plötzlich zwei junge Frauen gegenüber, die uns aber nicht beachteten ...

SIE ... wir dachten, dass sie uns sowieso nicht verstehen. Doch dann hat mich der Freund von ihm plötzlich zum Tanz aufgefordert ...

ER ... nein, nein, über unserem Kopf hing ein Bild von Walter Ulbricht, da hat ihre Freundin sie gestupft und auf das Bild gezeigt und irgendeine Bemerkung oder einen Witz gemacht, den ich nicht verstanden habe ...

SIE ... sicher über den Spitzbart ...

ER ... also habe ich mich umgewandt, um das Bild anzuschauen, das mir noch gar nicht aufgefallen war, und als ich wieder auf die andere Seite des Tisches blickte, lachten die beiden verunsichert, weil sie fürchteten, ich hätte den Witz verstanden ...

SIE ... wir wussten ja nicht ...

ER ... auf den Witz hin sind wir miteinander ins Gespräch gekommen ...

SIE ... zu viert, sie konnten kein Russisch, und wir wollten es nicht können ...

ER ... dann erst hat mein Freund sie zum Tanzen aufgefordert, so war es. Nachher haben wir zum ersten Mal im Leben miteinander getanzt ...

SIE ... nicht an diesem Abend, am nächsten ...

ER ... nach und nach sind alle anderen aus ihrer und aus meiner Gruppe an den Tisch gekommen ...

SIE ... es waren inzwischen viele da, es hatte sich herumgesprochen ...

ER ... der Russe ist bald gegangen, weil er gemerkt hat, dass er nicht mehr gefragt war ...

SIE ... und so saßen wir in einer größeren Runde von Dresdner und Zürcher Studierenden ...

ER ... bis spät in den Abend ...

SIE ... und am Morgen haben wir uns am Bahnhof getroffen ...

ER ... zufällig ...

SIE ... wir sind mit demselben Zug nach Weimar gefahren, und er hat auf der ganzen Fahrt das »Neue Deutschland« gelesen, mit großem Interesse ...

ER ... es war die offizielle Tageszeitung ...

SIE ... vor allem die Auslandsnachrichten, das vergesse ich nie, wir haben uns so geschämt, weil die in der DDR praktisch niemand gelesen hat, es stand einfach nichts drin ...

ER ... in Weimar hatten beide Gruppen ihr eigenes Programm, aber als wir am Abend wieder in Erfurt waren, hat jemand von euch uns eingeladen ...

SIE ... ihr habt uns mit einem Bus abgeholt ...

ER ... wir fanden in der Gruppe, es sei nett gewesen, mit diesen Leuten zu reden, sie waren etwa zwanzig, wir dann auch, und so haben wir beschlossen, sie noch einmal zu treffen, und sind in Erfurt herumgezogen und haben ein Lokal gesucht, ziemlich lange ...

SIE ... ich weiß nicht, es war doch irgendwo außerhalb ...

ER ... wie hieß die Klause ...

SIE ... ihr seid doch mit dem Bus vorbeigekommen und habt uns abgeholt ...

ER ... wir hatten gar keinen Bus ...

SIE ... und dann sind wir irgendwohin gefahren, weit außerhalb von Erfurt ...

ER ... auf einen Hügel ...

SIE ... und da haben wir getanzt ...

ER ... erst da ...

SIE ... viele Kurven den Berg hoch ...

ER ... irgendwo außerhalb, oberhalb von Erfurt, es war ein ziemlich nettes und anständiges, schönes Lokal ...

SIE ... oder waren die Tschechen ...

ER ... die Tschechen, genau, die Tschechen, die auch dabei gewesen waren im Haus der Roten Armee, die haben die Initiative gestartet, ja, die Tschechen, die dort sonst aber keine Rolle spielten …

SIE … sie haben sowohl euch als auch uns eingeladen, und wir sind mit dem tschechischen Bus abgeholt worden und ihr auch, dort oben hatten sie eine Band, und da haben alle miteinander getanzt, zumal die Tschechen ja gar kein Deutsch konnten …

ER … alle miteinander, durcheinander …

SIE … und am dritten Abend haben wir uns noch einmal getroffen …

ER … aber nur noch wenige …

SIE … irgendjemand ist gekommen und hat gesagt, wir sollten uns am Abend in einer Studentenklause einfinden, in einer winkligen Gasse in der Altstadt von Erfurt …

ER … dort waren wir dann, und dort sind wir im Grunde genommen auch zum ersten Mal wirklich miteinander ins Gespräch gekommen …

SIE … am nächsten Tag hatte er noch Geburtstag, das wussten wir, also haben wir ein Geschenk gekauft und es im Hotel für ihn abgegeben …

ER … eine Schallplatte …

SIE … Blumen hatte ich keine gekriegt …

ER … jedenfalls haben wir an dem Abend die Adressen getauscht …

SIE … nein, ist nicht wahr …

ER … oder am nächsten Tag …

SIE … wir haben nie die Adressen getauscht …

ER … allgemein, nicht wir beide, sondern allgemein …

SIE … in der Gruppe? …

ER … auch nicht …

SIE … wir haben sie übers Kreuz getauscht …

ER … jetzt erinnere ich mich: Unglücklicherweise habe ich die Adresse ihrer Freundin bekommen …

SIE ... und ich die seines Freundes ...

ER ... den ich dann überredet habe, mir die Adresse von ihr abzutreten, er könne dafür die haben, die ich bekommen hätte ...

SIE ... und am Ende des Abends haben sie uns zur Straßenbahn gebracht, da hat er noch gesagt: »Am liebsten würde ich euch alle in den Rucksack stecken und mitnehmen« ...

ER ... alle? ...

SIE ... ja ...

4 Berliner Einbahnstraße

Die Schweiz hat die DDR bis 1972 diplomatisch nicht anerkannt. Es galt die Hallstein-Doktrin, wonach die Aufnahme diplomatischer Beziehungen zur DDR durch Drittstaaten von der BRD als »unfreundlicher Akt« aufgefasst wurde. Die Bundesrepublik erhob einen Alleinvertretungsanspruch – in der DDR »Alleinvertretungsanmaßung« genannt – für das gesamte deutsche Volk und betrachtete die Deutsche Demokratische Republik als besetztes Gebiet.

Also hielt sich die Schweiz zurück und unterhielt ihre Botschaft in Köln/Bonn, in solider Allianz mit dem Westblock im Kalten Krieg. Im Osten besaß sie keine Vertretung, und umgekehrt gab es auch keine DDR-Botschaft in Bern. Das änderte sich erst im Zuge der neuen Ostpolitik unter Willy Brandt: Anfang 1973 wurde in der Brunnadernstrasse in Bern eine DDR-Botschaft eröffnet und umgekehrt in der Esplanade in Ost-Berlin eine Schweizer Botschaft.

Mitte der sechziger Jahre gab es in Berlin nur eine »Schweizerische Delegation«. Sie befand sich in einem Stadtpalais in der Fürst-Bismarck-Straße, der heutigen Otto-von-Bismarck-Allee, im inneren Spreebogen am oberen Ende des Tiergartens. Der neoklassizistische Bau mit drei Geschossen und neun Achsen war 1870/71 für einen Arzt und Professor an der Charité errichtet worden und lag in einem der vornehmsten Quartiere Berlins, dem Alsenviertel, ehemals die bevorzugte Wohnlage von Adligen und Diplomaten, Militärs und Industriellen. Sogar Dostojewskij hat das Haus für einen Arzttermin besucht. Wie durch ein Wunder überstand es als einziges weitherum sowohl Hitlers wahnwitzige Pläne einer »Welthauptstadt Germania«, denen unzählige Villen im Viertel zum Opfer fielen, als auch die Luftangriffe des Zweiten Weltkriegs ohne größere Schäden.

1919 war das Anwesen in den Besitz der Schweizerischen Eidgenossenschaft übergegangen, die es zuerst als Kanzlei für die Schweizer Gesandtschaft und als Residenz des Gesandten nutzte. Nach dem Zweiten Weltkrieg befand sich darin die »Heimschaffungsdelegation«, die sich um rückkehrwillige Schweizer in den Ostgebieten kümmerte und für die Schweiz den Kontakt zur sowjetischen Besatzungszone hielt. 1949, nach der Gründung der beiden deutschen Staaten, wurde die Heimschaffungsdelegation in eine Schweizerische Delegation umgewandelt. Sie erfüllte im Wesentlichen die Aufgaben eines Generalkonsulats, war aber politisch für die Schweiz der Brückenkopf zur DDR.

★

ER ... nach den Erlebnissen in Erfurt stellte ich meine Pläne für ein Auslandsemester kurzfristig um und wollte nun nicht mehr nach Göttingen, sondern nach West-Berlin, weil ich von dort aus bessere Möglichkeiten hatte, in die DDR zu reisen. Das war eigentlich eine unmittelbare Folge dieser Begegnung, aber nicht nur wegen ihr, sondern wegen der ganzen Gruppe, ich wollte Kontakt haben mit diesen Leuten ...

SIE ... das hat er mir dann brieflich mitgeteilt, zu meiner Überraschung ...

ER ... zu ihrer Überraschung, ihrer beider ...

SIE ... er gehe nach Berlin und würde sich freuen, mich einmal zu sehen ...

ER ... sehr sachlich ...

SIE ... in den ersten Tagen des Wintersemesters haben wir eine Exkursion nach Berlin gemacht ...

ER ... Kunstgeschichte, Museen ...

SIE ... da haben wir uns für einen Mittag verabredet im »Haus des Lehrers« am Alexanderplatz, oben in dem Restaurant ...

ER ... zu viert, mein Freund war mitgekommen nach Berlin ...

SIE ... und als sie hereinkamen, wir waren schon vor ihnen da gewesen, hat er uns mit Namen begrüßt, was für meine Freundin eine große Enttäuschung war, da sie immer an eine Verwechslung der Adressen geglaubt hatte ...

ER ... an ein Versehen ...

SIE ... es ist auch zu sagen, dass ich damals ziemlich fest gebunden war ...

ER ... verschiedene Freunde ...

SIE ... nicht verschiedene Freunde, es war nur einer ...

ER ... ein Architekturstudent ...

SIE ... deshalb ist das Ganze von meiner Freundin aus auch unter einem anderen Gesichtspunkt zu sehen, weil sie den andern eben sehr mochte ...

ER ... am nächsten Abend sind wir ins Theater gegangen, alle vier, Peter Hacks ...

SIE ... nein, zuerst in den Thomas Wolfe ...

ER ... ja, und dann in den Hacks, »Die schöne Helena« ...

SIE ... wir waren nur einmal im Theater ...

ER ... und das nächste Mal haben wir uns zu zweit verabredet ...

SIE ... meine Freundin hat sich unterdessen mit seinem Freund getroffen ...

ER ... ich hatte ihm erklärt, dass ich mal einen Abend mit ihr alleine verbringen möchte ...

SIE ... kurz darauf musste ich wieder zurück nach Dresden ...

ER ... an dem Abend haben wir uns verlaufen ...

SIE ... und uns endgültig ineinander verliebt ...

ER ... ja ...

SIE ... es ging alles sehr schnell, aber wir waren uns sicher ...

ER ... obwohl wir uns kaum kannten ...

SIE ... ich war ohne Pass und ohne Geld ...

ER ... in Berlin war es furchtbar, keinen Pass zu haben ...

SIE ... wir wohnten ein wenig außerhalb von Berlin, ich hätte nicht einmal mehr in unser Quartier zurückfahren können ...

ER ... ich muss vielleicht erwähnen, dass ich an der DDR außerordentlich interessiert war, nicht aus ideologischer Sympathie, gar nicht, eher aus literarischen und philosophischen Gründen, ich habe auch eine Aufnahmeprüfung gemacht an der Humboldt-Universität, das war ein unglaublicher administrativer Aufwand, eine Geschichte für sich, wie man sich als Schweizer Student, der an der Freien Universität immatrikuliert ist, gleichzeitig an der Humboldt-Universität zu immatrikulieren versucht, schließlich Zutritt bekommt zu bestimmten Vorlesungen und gewisse Erleichterungen erhält im Unterschied zu anderen Westbesuchern, beispielsweise vom Zwangsumtausch befreit wird, weil man einen Hörerschein hat. Außerdem konnte ich dort billig essen ...

SIE ... als ich zurück in Dresden war, haben wir uns Briefe geschickt, immer wieder ...

ER ... und dann hat sie mich eingeladen ...

SIE ... er hatte geschrieben, er bleibe über Weihnachten in Berlin, ganz alleine, und das hat mir ein wenig leidgetan, da habe ich ihn eingeladen, zu Weihnachten zu mir nach Hause zu kommen ...

ER ... nach Karl-Marx-Stadt, wo die Mutter wohnte ...

SIE ... und meine Freundin hat seinen Freund eingeladen, aber eigentlich mehr widerwillig, oder?

ER ... mehr widerwillig, aus Symmetriegründen ...

SIE ... am ersten Weihnachtsfeiertag ist er angekommen ...

ER ... um vier aufgestanden und um fünf über die Zonengrenze, Bahnhof Friedrichstraße, am Weihnachtstag, mit dem Schweizer Pass, alle Zöllner so nett und so menschlich, sie haben sich gewundert und gefreut und standen um mich herum, wir haben einander schöne Weihnachten gewünscht, ansonsten keine Seele weit und breit ...

SIE ... dann ist er geblieben ...

ER ... drei Wochen ...

SIE … geplant war bis etwa Neujahr …
ER … was nur dank der Erleichterungen ging …
SIE … zum Ärger meiner Freundin, die es nicht gerne gesehen hat …
ER … und ihres Freundes, der sich langsam zurückzog …
SIE … und meiner Mutter, die auch fast nicht mehr wusste, wie sie ihn ertragen soll …

★

Das Palais der Schweizerischen Delegation in der Fürst-Bismarck-Straße betrat man durch ein großes Holzportal. Über einen marmorverkleideten Vorraum und durch gläserne Türen gelangte man in die Eingangshalle. Dort konnte man sich beim Empfang melden, wenn man einen Termin vereinbart hatte. Die Büros der Delegationsmitglieder und die Besprechungszimmer lagen in den oberen Etagen. Ein ausladender Treppenaufgang führte von der Eingangshalle hinauf.

Mein Vater hatte telefonisch um eine Unterredung mit dem Delegationschef gebeten, ohne über die näheren Gründe Auskunft zu geben. Es handle sich um eine wichtige Angelegenheit, die ihn als in Berlin lebenden Schweizer Staatsbürger betreffe.

Als er sich beim Empfang meldete, war er etwas zu früh und musste warten. Das gab ihm die Gelegenheit, sich noch einmal zurechtzulegen, wie er sein Anliegen vorbringen wollte, um im günstigen Fall Unterstützung zu erhalten oder im abschlägigen Fall wenigstens nicht den Argwohn der Schweizer Behörden auf sich zu ziehen. Kurz darauf wurde er aufgerufen und von einem Mitarbeiter nach oben geführt.

In einem hohen, hellen Büro empfing ihn ein Berner Patrizier, der ihn freundlich bat, Platz zu nehmen und ihm mitzuteilen, in welcher Angelegenheit er gekommen sei.

Der Diplomat hörte sich das Anliegen des Besuchers erst ruhig und aufmerksam an, wurde aber schon bald ungeduldig. Schließlich fiel er dem Gast ins Wort, bevor er mit seiner Geschichte ganz zu Ende war.

Der Behördenvertreter hatte zu der Sache genau drei Sätze zu sagen:

Satz 1: »Mischen Sie sich nicht in die Angelegenheiten anderer Staaten ein.«

Satz 2: »Wenn irgendetwas passiert, können wir Ihnen nicht helfen.«

Satz 3: »Vor allem können wir die Frau nicht herausholen, weil sie ja keine Schweizerin ist.«

Mehr hatte er nicht zu sagen und geleitete den Besucher zur Tür.

Der Termin hatte keine fünf Minuten gedauert.

5 Peking oder Damaskus

Solange er einen Hörerschein an der Humboldt hatte, konnten sie sich relativ problemlos sehen. Wenn er unter dem Vorwand, Vorlesungen und Seminare besuchen zu wollen, die Zonengrenze passiert hatte, durfte er unbeobachtet und unbehelligt in der DDR herumreisen. Zumindest hatte er nicht den Eindruck, dass er überwacht wurde. Und auf dem Staatsgebiet der DDR konnte ja auch sie sich frei bewegen. Immerhin dort. Manchmal trafen sie sich in Dresden, manchmal in Ost-Berlin, manchmal kamen sie einander entgegen und sahen sich irgendwo dazwischen. Tage im Glück, überschattet nur von der Ungewissheit, wie es weitergehen sollte.

Jemand hatte behauptet, es gebe in zwei Ländern, in die man von der DDR aus unter Umständen reisen könne, Schweizer Botschaften mit zivilstandsrechtlichen Befugnissen: in China und in Syrien. Der Botschafter sei ermächtigt, vor Ort Trauungen vorzunehmen und damit zugleich die Schweizer Staatsbürgerschaft zu verleihen.

Das war vielleicht ein Hirngespinst oder ein Gerücht, jedenfalls lagen beide Länder sehr weit weg. Wesentlich näher waren die Freiheitlichen Juristen. Sie hatten ihre Zentrale in einer Villa in der Limastraße in West-Berlin-Zehlendorf, auf einem von einem hohen Zaun umgebenen Grundstück. Offiziell hieß die Organisation »Untersuchungsausschuss Freiheitlicher Juristen« (UFJ) und wurde, zumindest in ihren Anfängen, vom amerikanischen Geheimdienst finanziert.

1949 von einem Juristen aus dem Osten gegründet, hatte es sich die Vereinigung zur Aufgabe gemacht, die rechtsstaatliche Situation in der DDR zu beobachten. Über ein breites Netz von Informanten sammelte sie Zeugenaussagen, Dokumente und

Indizien zu Unrechtshandlungen in der DDR, verschickte Flugblätter und Broschüren und bot Beratung an für Besucherinnen und Besucher aus der DDR, die sich zu vielen Tausenden aus Rechtsnot mit Fragen und Problemen aus allen Lebensbereichen an den UFJ wandten – solange diese Besuche noch möglich waren. Nach dem Mauerbau 1961 kamen aus der DDR nur noch Rentner. Wer nicht mehr selbst kommen durfte, schickte seine westlichen Freunde und Verwandten, die ihrerseits die Auskünfte weiterleiteten.

Als mein Vater das Haus in der Limastraße verließ, war er ein wenig enttäuscht: Er hatte um rechtliche Beratung gebeten und gehofft, dass ihm die Freiheitlichen Juristen einen Weg aufzeigen könnten zu einer Lösung seines Problems – irgendeinen Dreh oder einen Winkelzug oder ein Schlupfloch. Doch er hatte sich geirrt. Die Freiheitlichen Juristen kannten sich zwar in allen Rechtsfragen, die die DDR betrafen, bestens aus und nahmen sich die Zeit, um ihm die allgemeine Rechtslage zu erläutern. Auch hatten sie viel Erfahrung mit Leuten, deren Fluchtversuch aus der DDR gescheitert war und denen deshalb der Prozess gemacht wurde – oder deren Flucht geglückt war und die über ihre Fluchtgründe und Fluchtrouten Auskunft gaben. Nur einen legalen Weg, eine Person aus der DDR in die Schweiz zu bringen, kannten auch sie nicht.

Also vielleicht doch über Peking oder Damaskus? Ganz aus der Luft gegriffen war die Idee nicht. Zu beiden Ländern unterhielt die DDR besondere Beziehungen.

Die Volksrepublik China und die DDR waren in demselben Jahr gegründet worden, sogar im selben Monat, keine Woche auseinander, Anfang Oktober 1949. Es gab nicht nur Berührungspunkte im ideologischen und gesellschaftlichen System, sondern ab 1955 auch einen »Vertrag über Freundschaft und Zusammenarbeit zwischen der Deutschen Demokratischen Republik und der Volksrepublik China«. Zeitweise wurde gar von einer »Achse Peking-Pankow« gesprochen, die jedoch durch die zunehmenden Spannungen zwischen Moskau und Peking unter Druck geriet.

Von der DDR aus wurden Auslandsstudierende nach China geschickt, vor allem nach Peking. Bestimmt musste man dafür aber viele Anforderungen und Auflagen erfüllen und schon ein paar Semester Sinologie studiert haben. Oder war es vielleicht möglich, ein Visum zu beantragen? Dafür hätte man sicherlich Beziehungen nach China gebraucht. Das war alles aussichtslos und vielleicht zu auffällig und gewiss zu teuer.

Das Gedankenspiel wurde bereits nach einem Tag wieder abgebrochen, ohne überhaupt die zivilstandsrechtlichen Befugnisse der Schweizer Botschaft in China abgeklärt zu haben.

Die Idee, nach Damaskus zu fliegen, um dort auf der Schweizer Botschaft zu heiraten und mit neuer Staatsbürgerschaft in den Westen auszureisen, hatte einen ungleich aktuelleren Hintergrund: Anfang 1966 nahm die »Interflug«, die staatliche Fluggesellschaft der DDR, die Linie Berlin-Damaskus in Betrieb. Am 15. Januar war die erste Maschine, eine Iljuschin Il-18, im verschneiten Schönefeld gestartet und nach einem über sechsstündigen Flug mit Zwischenstopp in Nikosia bei angenehmeren Temperaturen in Damaskus gelandet. Das »Neue Deutschland« berichtete in seiner Ausgabe vom 17. Januar 1966 auf der Titelseite.

Die neue Verbindung, die fortan einmal wöchentlich beflogen wurde, sollte eine Beziehung festigen, die die Deutsche Demokratische Republik seit über einem Jahrzehnt mit Handels-, Kultur- und Zahlungsabkommen zur Syrischen Arabischen Republik gesucht hatte, um einen Ausweg aus ihrer außenpolitischen Isolation zu finden. Doch an Bord dieser Maschinen waren keine gewöhnlichen Reisenden. Normale DDR-Bürger hatten keinen Zutritt.

»Das können Sie vergessen.«

Der Studentenanwalt machte eine betrübte Miene. Es tat ihm aufrichtig leid, aber auch er konnte nicht weiterhelfen.

Dabei hatte er lange mit meinem Vater geredet und den Fall mit ihm erörtert, in mehreren Gesprächen. Es ging um Strafrecht und Zivilstand, um Ideologie und Politik, um Fluchtrouten und Freikäufe. Er war der Erste, der sich wirklich interessierte. Und er wollte nicht einmal Geld dafür.

Am Ende hatte er Mitleid.

»Ich sehe keinen legalen Weg, so sehr ich danach suche.«

An den Studentenanwalt, der später zum Linksterroristen und noch später zum Neonazi wurde, war mein Vater über eine West-Berliner Mitbewohnerin herangekommen. Neben ihrem Studium arbeitete sie hin und wieder in der Kanzlei als Bürohilfe, um ein wenig Geld zu verdienen, bevor sie dann zu einer bekannten Filmemacherin und Frauenrechtlerin wurde.

»Ich könnte Sie höchstens noch an einen Kollegen verweisen. Vielleicht weiß er mehr.«

Er blickte meinen Vater nachdenklich an.

»Sein Name ist Scheid. Er hat beste Verbindungen in den Osten. Ich kenne ihn gut, ich habe mal für ihn gearbeitet. Er macht von westlicher Seite her Gefangenenaustausche im Auftrag der Bundesinstanzen. Er kennt alle Tricks und alle Leute.«

Plötzlich schien ihn die Idee selbst zu überzeugen.

»Wenn einer weiterhelfen kann, dann er.«

Mein Vater schöpfte Hoffnung.

»Ich rufe ihn an und sage ihm, wer Sie sind und was Sie wollen. Und dann gehen Sie einfach mal bei ihm vorbei.«

Er suchte die Adresse heraus, schrieb sie auf einen Zettel und reichte sie über den Tisch.

Dann erhob er sich und gab meinem Vater die Hand.

»Unter Umständen kann er sogar einen Kontakt in den Osten für Sie herstellen.«

6 Im Vogelkäfig

Eine Anwaltskanzlei in einem Villenviertel in Ost-Berlin, Friedrichsfelde. Ein großer, dunkler Raum, mit Teppichen ausgelegt, braune Tapeten. Bei den Fenstern schwere Vorhänge und auf den Fenstersimsen allerlei Erinnerungsstücke, an den Wänden Aktenschränke und Regale mit Ordnern und Büchern, dazwischen gerahmte Urkunden und Fotos. Gegenüber der Tür der Schreibtisch des Anwalts, davor ein Stuhl.

»Scheid schickt Sie.«

»Er sagte, Sie könnten mir vielleicht helfen.«

»Woher kennen Sie ihn?«

»Der Kontakt wurde mir vermittelt.«

»Vermittelt.«

»Ja.«

»Von wem?«

»Von einem Studentenanwalt in West-Berlin, der mir nicht weiterhelfen konnte.«

»Es scheint ja um eine größere Sache zu gehen.«

Mein Vater sah ihn an.

»Sie wissen, worum es geht. Scheid hat es Ihnen gesagt.«

Der Anwalt schwieg.

»Es geht um eine Frau. Ich möchte sie heiraten.«

»Niemand hindert Sie daran.«

»Ich will aber nicht in der DDR mit ihr leben.«

»Wieso nicht?«

Darauf hatte mein Vater keine Antwort parat. Er hatte sich die Frage nie gestellt, sie war auch von meiner Mutter nie gestellt worden. Sie kam ihnen gar nicht in den Sinn. Zu abwegig erschien ein gemeinsames Leben im Osten. Es war für beide klar, dass ihre Zukunft im Westen liegen würde – auch wenn er ihr dort keine gesicherte Perspektive bieten konnte.

»Ich könnte Ihnen hier leicht eine Stelle verschaffen.«

Der Anwalt musterte sein Gegenüber und wartete ab.

»Oder ich könnte Sie sofort melden.«

»Das ist mir bewusst.«

»Sie gehen ein großes Risiko ein, indem Sie mit mir sprechen.«

Mein Vater rückte sich auf seinem Stuhl zurecht.

»Ich will nichts unversucht lassen. Außerdem kennen Sie den Namen der Frau nicht.«

Der Anwalt blickte ihn verwundert an.

»Denken Sie wirklich, dass ich ihn nicht sehr leicht herausfinden könnte?«

Nein, das dachte er nicht wirklich.

»Aber Sie machen doch ständig Austausche!«

»Das ist etwas anderes. Da geht es um Politik. Bei Ihnen geht es um eine private Angelegenheit.«

»Warum haben Sie mich dann überhaupt empfangen?«

Der Anwalt schien die Frage überhört zu haben.

»Können Sie etwas für mich tun?«

»Nicht allzu viel.«

»Das heißt?«

»Kommen Sie mal mit.«

Er stand auf, ging auf die andere Seite des Raumes zu einem Aktenschrank und wartete, bis mein Vater neben ihm stand.

»Schauen Sie sich diesen Schrank an.«

Er öffnete eine Schublade, die voller Papiere war, ordentlich abgelegt in Hängeregistern, griff ein Dossier heraus, blätterte darin, steckte es zurück, schloss die Schublade wieder und legte seine Hand auf den Aktenschrank.

»Das sind alles Fälle, die seit Jahren anstehen. Familienzusammenführungen Ost-West. Solange Sie nur verliebt sind, haben Sie nicht die geringste Chance. Zeugen Sie erst einmal zwei, drei Kinder, warten Sie sieben Jahre und kommen Sie dann wieder.«

Der Anwalt hatte schnell gesprochen. Als er die Miene seines Gegenübers sah, hielt er inne und dachte nach.

Dann ging er zurück zum Schreibtisch, setzte sich wieder hin und kramte in den Papieren, die dort herumlagen.

Mein Vater folgte ihm, blieb aber vor dem Tisch stehen.

»Kommen Sie in ein paar Tagen wieder.«

»Wozu?«

»Kommen Sie in ein paar Tagen wieder.«

Der Zweck des Abziehens von Arbeitskräften aus der Deutschen Demokratischen Republik ist die ökonomische und politische Schädigung der Deutschen Demokratischen Republik, die Versorgung der imperialistischen Rüstungsindustrie mit gutausgebildeten Fachkräften, die bequeme und unberechtigte Ausnutzung der in der Deutschen Demokratischen Republik gemachten Erfindungen und Neuentwicklungen durch die westlichen Monopolherren für ihre aggressiven Ziele und die Verhinderung der friedlichen Wiedervereinigung unseres Vaterlandes auf demokratischer Grundlage, insbesondere durch die damit verbundene Hetze. Deshalb ist das Abwerben von Arbeitskräften aus der Deutschen Demokratischen Republik in das Lager der Kriegstreiber Boykott- und Kriegshetze im Sinne des Art. 6 der Verfassung der Deutschen Demokratischen Republik.

Ein paar Tage später, in demselben Büro.

»Ich habe mit Kaul geredet.«

Mein Vater sagte nichts.

»Sie wissen, wer das ist?«

»Nein.«

»Er ist hier ein berühmter Mann. Berühmt und einflussreich. Professor Friedrich Karl Kaul, FKK, unser Staranwalt. Jüngst hat er die DDR in den Frankfurter Auschwitzprozessen vertreten.«

Er machte eine kurze Pause.

»Er sagte, Sie könnten die Frau haben. Legal.«

Mein Vater wollte etwas sagen.

»Aber das kostet.«

»Das kostet?«

Der Anwalt blickte ihn nur an.

»Wie viel?«

»Was ist Ihr Vater von Beruf?«

»Posthalter.«

»?«

»Er führt eine Poststelle, in der Ostschweiz.«

»Was verdient man damit?«

»Nicht sehr viel.«

»Und wie viel Geld haben Sie? Ersparnisse?«

»Ich bin Student.«

»Das weiß ich.«

Also warum fragte er dann.

»Wir müssten Ihnen die Kosten für die gesamte Ausbildung anlasten. Und auch das, was sie dem Staat in den nächsten vier Jahren gebracht hätte.«

»Das lässt sich berechnen?«

»Wir haben Tarife: Eine Verkäuferin kostet so und so viel, eine Lehrerin so und so viel, eine Ärztin so und so viel ...«

»In Zahlen?«

»Das kann ich nicht genau sagen, Kaul hat keine Zahl genannt. Wir bräuchten alle Angaben zur Person und könnten den Preis dann festlegen.«

Er unterbrach sich für einen Moment.

»Aber sicher mehr als fünfzigtausend DM.«

Mein Vater sackte in sich zusammen.

Und schüttelte nur den Kopf.

»Das kann ich mir nicht leisten.«

7 Hin und her

Zuerst das Hin und Her der Briefe: Sie war längst zurück im Süden der DDR, er nach Semesterende wieder in Zürich. Telefonieren ging nicht, die Gefahr, abgehört zu werden, wäre zu groß gewesen. Es blieben nur Briefe, von denen zu befürchten war, dass sie geöffnet wurden. Also durfte man die Dinge nicht direkt ansprechen, nichts, was auf ein Liebesverhältnis schließen ließ, nur auf freundschaftlichen Austausch. Alltägliches und Unverbindliches, ab und zu mal ein Hinweis als Anspielung versteckt. Anscheinend wurden die Briefe aber nicht geöffnet, zumindest bemerkten sie nichts, obwohl sie sie immer genau auf Spuren untersuchten. Vielleicht waren sie auch einfach nicht zu erkennen.

Hin und her zwischen Karl-Marx-Stadt und Dresden: Bei der Mutter in Karl-Marx-Stadt hatte sie noch ein Zimmer, vor allem für die vorlesungsfreie Zeit, während des Semesters wohnte sie in Dresden. Sie pendelte zwischen den Städten, und er schickte seine Briefe mal nach Dresden, mal nach Karl-Marx-Stadt, damit nicht so auffiel, wie häufig sie Post aus der Schweiz bekam. Manchmal auch an Bekannte, an wechselnde Adressen, sie wussten dann schon. Abschicken konnte man die Briefe umgekehrt von irgendwo in der DDR.

Hin und her zwischen der Schweiz und der DDR: Er reiste immer wieder zu ihr, damit sie sich sehen und frei reden konnten. Er brauchte dazu Einladungen, möglichst von verschiedener Seite: AUFENTHALTSBERECHTIGUNG für den Bezirk Karl-Marx-Stadt gültig bis, AUFENTHALTSBERECHTIGUNG für den Bezirk Dresden gültig bis, AUFENTHALTSBERECHTIGUNG für den Bezirk Gera gültig bis. Jetzt konnte er auch berichten, was er alles unternommen hatte. Und gemeinsam konnten sie überlegen, was nun zu tun sei.

Sie 21, er 23.

Hin und her zwischen Bleiben und Gehen: War der Schritt nicht zu groß? Selbst wenn er gelingen sollte? Die DDR war ihr nicht verhasst, sie wollte nicht weg, weil sie sich ›drüben‹ ein besseres Leben erhoffte. Sie wollte seinetwegen weg. Dass er zu ihr ging, wollten beide nicht, so naheliegend es gewesen wäre und so gefahrlos noch dazu. Aber was hieß überhaupt gelingen? Es hinüber schaffen? Sich dort einleben können? Glück in der Liebe finden? Und dafür alle Menschen hier zurücklassen? Sie fand sich selber egoistisch.

Hin und her zwischen legal und illegal: Alle Abklärungen waren vergeblich gewesen, dabei hatte er nichts unversucht gelassen, war allen Hinweisen nachgegangen, hatte alle Adressen aufgesucht, mit allen geredet, die vielleicht helfen konnten. Und der einzige legale Weg war zu teuer. Lohnte es sich überhaupt noch, weiter zu suchen? Und wenn ja, wo? Sie besprachen es, immer wieder, zunehmend verzweifelt, bis irgendwann feststand: Es geht nicht legal, also illegal. Aber nur ohne Lebensgefahr. Das stand ebenso fest. Nur – ohne – Lebensgefahr. Keine Tunnels oder Ballone oder Kofferräume.

Hin und her auch in der Nacht: Wenn das Kissen nie so liegt, wie es liegen soll. Die Unruhe, die Ängste, die Ungewissheit. Und dazu die Träume, in denen alle vorkamen, die nicht eingeweiht waren, aber dennoch betroffen sein würden, Mutter, Freundinnen, Freunde. Träume, in denen sich die Bilder von hüben und drüben vermischten, Träume, in denen wiederkehrte, was noch gar nicht geschehen war.

8 Absatz 2

Im Sommer 1993, als ich 21 war, machte ich eine Reise nach Prag. Ich wollte meine Freundin besuchen, die dort an einer Summer School Tschechisch lernte und für ein paar Wochen in einer Gastfamilie lebte. Ich nahm aber nicht den direkten Zug von Zürich nach Prag, sondern machte einen Bogen über Eisenach, Erfurt, Weimar, Chemnitz und Dresden.

Ich wollte die Städte und Landschaften wiedersehen, die ich aus meiner Kindheit und Jugend kannte, um zu schauen, ob sie sich so kurz nach der Wende schon verändert hätten. Und ich verfolgte noch eine ganz andere Absicht: Ich wollte mich informieren über die Gesetzeslage und die Rechtsprechung der DDR in Sachen Republikflucht.

★

Die DDR tat sich schwer mit ihrer Strafgesetzgebung. 1966 besaß sie noch kein eigenes Strafgesetzbuch. Es trat erst 1968 in Kraft. Vorausgegangen waren etliche Beschlüsse, Entwürfe und Übergangsregelungen, die tiefgreifende Auseinandersetzungen über die Ideologie und die Rechtspolitik des jungen Staatsgebildes erforderten.

Nach 1945 behielt zunächst das Reichsstrafgesetzbuch von 1871 seine Gültigkeit. Schon ab 1952 wurden im Justizministerium der DDR jedoch erste Entwürfe zu einem Allgemeinen Strafgesetzbuch erstellt, die bei der Sowjetischen Kontrollkommission aber keine Zustimmung fanden. Einen nächsten Anlauf unternahm man beim Parteitag der SED von 1958 und setzte sich zum Ziel, bis zu Beginn des Jahres 1961 über ein eigenes Strafgesetzbuch zu verfügen. Das Vorhaben scheiterte ebenfalls. Nach dem Parteitag von 1963 schließlich wurde eine »Staatsratskommission« gebildet, die breit aufgestellt war und nach vielen Diskussionen und Konsultationen Anfang 1968 ihr Strafgesetzbuch (StGB) in der Volkskammer endlich durchbrachte.

Zwar baute die DDR 1961 die Mauer und riegelte die Grenze zur BRD mit einem Todesstreifen ab, doch wurden auch die Bestimmungen zur Grenzsicherung erst im Strafgesetzbuch von 1968 gesamtheitlich festgelegt. In der Zwischenzeit behalf man sich mit einer Reihe von Einzelgesetzen.

Das Problem der »Republikflucht« wurde mit einem juristischen Klammergriff gelöst: Man stellte das Verlassen der DDR ebenso unter Strafe wie das Veranlassen zum Verlassen der DDR. Letzteres wog in der Rechtsprechung sogar noch schwerer.

*

Die Städte des Ostens sahen nicht viel anders aus als früher. Eigentlich hatten sich nur die Schriftzüge an den Häusern verändert.

Ich zog durch die Straßen von Eisenach, Erfurt und Weimar und suchte nach Antiquariaten. Ich wollte mir Materialien beschaffen, um die Fluchtgeschichte besser zu verstehen.

In den Antiquariaten gab es zu der Zeit vor allem Bücher aus DDR-Verlagen, von Aufbau über Reclam Leipzig bis Volk & Welt. Und es gab massenhaft Bücher aus dem offiziellen Staatsverlag der Deutschen Demokratischen Republik, dicke Bände mit Gesetzestexten und Kommentaren und Dokumenten. Niemand wollte sie mehr, sie waren für wenig Geld zu haben.

Ob er fragen dürfe, weshalb mich diese Bücher so interessierten?

Der Antiquar schaute mich über den Brillenrand hinweg an, als ich mit einem Stapel vor der Kasse stand und bezahlen wollte.

Ich sei Jurastudent aus Zürich und müsse eine Seminararbeit schreiben über einen Fall von Republikflucht.

Das leuchtete ihm ein.

Ob er zufällig jemanden kenne, der mir die frühere Gesetzeslage ein wenig erläutern könne?

★

Das »Passgesetz« von 1954/57 sollte die Ausreisewelle aus der DDR brechen und drohte allen mit Gefängnis bis zu drei Jahren oder mit Geldstrafe, die das Staatsgebiet ohne erforderliche Genehmigung verließen (oder betraten) oder die vorgeschriebenen Reiseziele, Reisewege oder Reisefristen oder sonstigen Beschränkungen der Reise oder des Aufenthaltes nicht befolgten. Ebenso wurde bestraft, wer für sich oder eine andere Person durch falsche Angaben eine Genehmigung zum Verlassen oder Betreten des Gebietes der DDR erschlich. Vorbereitung und Versuch waren strafbar.

Zusätzlich dazu legte das »Strafrechtsergänzungsgesetz« von 1957 den Akzent auf das Verleiten zum Verlassen der DDR. Verhindert werden sollte ein Ausbluten der Gesellschaft durch Abwerbung insbesondere von jüngeren Arbeitskräften und Auszubildenden. Dies konnte nach dem Gesetzestext entweder im Auftrag von Agentenorganisationen oder Spionageagenturen oder aber, in eher individuellen Fällen, durch Drohung, Täuschung, Versprechen oder ähnliche die Freiheit der Willensentscheidung beeinflussende Methoden geschehen.

★

In einem Café in Eisenach, Erfurt oder Weimar – ich weiß es nicht mehr – traf ich einen Mann, den der Antiquar tatsächlich für mich aufgetrieben hatte. Er war zu DDR-Zeiten Jurist gewesen, arbeitete aber inzwischen nicht mehr in seinem angestammten Beruf.

Anfangs saß er mir etwas misstrauisch gegenüber und wollte wissen, wer ich sei und wieso mich das Thema interessiere. Ich sagte dasselbe, was ich schon dem Antiquar gesagt hatte, einfach ein wenig ausführlicher, mit konkreten Angaben zum spezifischen Fall.

So kamen wir ins Gespräch.

Irgendwann nahm ich die Bücher hervor, die ich gekauft und inzwischen auf die entscheidenden Passagen hin durchgesehen hatte, und er erklärte mir Satz für Satz, wie die Paragraphen zu lesen seien. Er schilderte die Entstehung und die Hintergründe von Gesetzestexten, die mir in ihrem Tonfall gänzlich unvertraut waren, und erzählte Anekdoten aus seinem früheren Berufsleben.

Als wir uns verabschiedeten, bat er mich noch, ihn in meiner Seminararbeit lieber nicht namentlich zu erwähnen.

Mit dem Strafgesetzbuch von 1968 wurde die Gesetzeslage endlich systematisch geregelt – auch was das Delikt des »Ungesetzlichen Grenzübertritts« betraf, wie die Republikflucht nach Paragraph 213 offiziell hieß.

Er bestand aus drei Absätzen:

Absatz 1 enthielt die einfachen Begehungsweisen, ähnlich wie schon im Passgesetz beschrieben, die mit Freiheitsstrafe bis zu zwei Jahren oder mit Verurteilung auf Bewährung, Geldstrafe oder öffentlichem Tadel bestraft wurden. Neu war vor allem, dass nicht nur das Verlassen der DDR, sondern auch die Nichtrückkehr dahin geahndet wurde.

Absatz 2 handelte von den »schweren Fällen«, die eine Freiheitsstrafe von bis zu fünf Jahren zur Folge haben konnten. Sie lagen vor, wenn

1. die Tat durch Beschädigung von Grenzsicherungsanlagen oder Mitführen dazu geeigneter Werkzeuge oder Geräte oder

Mitführen von Waffen oder durch die Anwendung gefährlicher Mittel oder Methoden durchgeführt wird;

2. die Tat durch Missbrauch oder Fälschung von Ausweisen oder Grenzübertrittsdokumenten, durch Anwendung falscher derartiger Dokumente oder unter Ausnutzung eines Verstecks erfolgt;

3. die Tat von einer Gruppe begangen wird;

4. der Täter mehrfach die Tat begangen oder im Grenzgebiet versucht hat oder wegen ungesetzlichen Grenzübertritts bereits bestraft ist.

Absatz 3 erklärte Vorbereitung und Versuch für strafbar.

§ 213 StGB/DDR brachte eine Staatsmentalität auf den Punkt, die bereits vorher geherrscht hatte, aber im juristischen Gesamtsystem noch nicht ausbuchstabiert war. Es ist eine bemerkenswerte Gleichsetzung der Tatmittel, die in der Auflistung von Absatz 2 vorgenommen wird: Beschädigung von Grenzsicherungsanlagen oder Mitführen von Waffen stehen auf einer Stufe mit Missbrauch oder Fälschung von Ausweisen oder auch nur mit deren Anwendung – wobei als geeignete Geräte zur Beschädigung von Grenzsicherungsanlagen auch Taucherausrüstungen, Klettergeräte oder Schlauchboote gelten konnten.

9 Testflüge

Auf seinen Reisen von Zürich nach Dresden und zurück war mein Vater oft über Prag geflogen und hatte von da aus und nach dahin den Zug genommen: über Ústí nad Labem, Děčín und Pirna, durch die vergifteten Industriegebiete der nördlichen ČSSR und entlang der Elbe durch die Sächsische Schweiz. Eine Strecke von etwa 200 Kilometern. Man benötigte dafür mehrere Stunden, den längeren Halt am Grenzübergang nicht eingerechnet. Aber es war der einfachste Weg zwischen Zürich und Dresden.

Praha-Ruzyně war ein alter Flughafen. Er lag westlich vom Stadtzentrum und war in den dreißiger Jahren erbaut worden, nachdem sich der auch für die Zivilluftfahrt genutzte Militärflughafen in Praha-Kbely als zu klein erwiesen hatte. 1937 ging Ruzyně in Betrieb: Am 5. April traf morgens um 9 Uhr die erste Maschine ein, eine Douglas DC-2 der ČLS, aus Brünn kommend. Eine Stunde später landete der erste internationale Flug, eine Maschine der Air France auf dem Weg von Wien über Prag nach Dresden. Und noch im selben Jahr wurde der neue Flughafen auf der Pariser Weltausstellung mit einer Goldmedaille ausgezeichnet, vor allem für die funktionalistische Architektur seiner Abfertigungshalle: eines sachlichen, geradlinigen, übersichtlichen, zweckorientierten Baus mit steinernen Böden und hohen Glasfassaden.

In den sechziger Jahren stieg das Passagieraufkommen, sodass der Flughafen erweitert werden musste. Zwischen 1960 und 1968 errichtete man nördlich des alten Teils in mehreren Ausbaustufen einen neuen Gebäudekomplex, das Terminal Nord. Fatalerweise waren es zunächst die Sowjets, denen die vergrößerte Anlage zugutekam, als sie im Sommer 1968 eines Nachts den

Flughafen mit Militärtransportern überfielen, um den Prager Frühling niederzuschlagen.

1966 war der neue Flughafenteil aber noch im Bau. Der Betrieb lief weiterhin über die alten Gebäulichkeiten.

Mit dem Flughafen war Zürich später dran als Prag: In Kloten ging erst 1948 die erste Piste in Betrieb. 1953 wurde das Flughafengebäude mit einem großen Fest eingeweiht, mitten in Wirtschaftswunderzeiten. Auch deshalb kam meinem Vater 1966 die Anlage in Prag vielleicht veraltet vor.

Immer wenn er sich am Flughafen Prag aufhielt, begann er alles ganz genau zu studieren: die Einreiseformalitäten und die Ausreisekontrolle, die Zollabfertigung und den Einsteigevorgang, die Positionen der Kontrollposten und die Aufteilung der Räume, den Verlauf der Gänge und die Stellung der Trennwände, die Lage der Toiletten und Restaurants und Bars etc.

Dabei fiel ihm auf, dass am Flughafen Prag, im Vergleich zu den DDR-Grenzposten, die er kannte, eine gewisse Lässigkeit herrschte – eine Lässigkeit ohne Nachlässigkeit. Es war nicht so, dass nicht auch hier, wie überall an der Grenze zwischen Ost und West, genauestens kontrolliert worden wäre, doch wirkten die Zollorgane weniger verbiestert als in der DDR. Womöglich hatte es auch einfach mit der Atmosphäre zu tun, die an einem internationalen, mit dem Westen vernetzten Flughafen herrschte.

Plötzlich die Idee: Man konnte das System nicht unterlaufen, indem man von innen her gegen die Mauer anrannte, die es um sich zog und die zu sichern es jede erdenkliche Anstrengung unternahm. Man musste es aus der entgegengesetzten Richtung angehen: bei der Einreise, nicht bei der Ausreise.

*

ER … jetzt bin ich doch froh, dass wir nicht alles weggeworfen haben …

SIE … ich habe viel weggeworfen …

ER … aber der Pass ist noch da …

SIE … da ist's drauf, da fängt's an …

ER … im Mai bin ich zum ersten Mal über Prag gereist, um die Route abzufahren …

SIE … hier, schon viel früher, im März …

ER … dann hat die Planung doch länger gedauert, als ich jetzt vermute …

SIE … wir haben uns in Dresden getroffen, danach bist du wieder zurück in die Schweiz …

ER … stimmt, da sieht man die ganzen Stempel …

SIE … März, April, Mai …

★

Wenn er bei ihr in Dresden zu Besuch war, musste er sich tagsüber die Zeit vertreiben, während sie ihrem Studium nachging. Häufig setzte er sich ins Italienische Dörfchen, eine Gaststätte an der Elbe, zwischen Hofkirche und Semperoper. Dort konnte er stundenlang ungestört lesen.

Bis er doch gestört wurde.

»Entschuldigen Sie, dass ich Sie anspreche, aber Sie scheinen öfter hier zu sein und sind mir schon verschiedentlich aufgefallen.«

Mein Vater sah von seinem Buch auf und blickte ins Gesicht eines Fremden, der ihn freundlich anschaute.

»Sie scheinen ja ein großer Leser zu sein.«

»Ich studiere Literaturwissenschaft, da muss man viel lesen.«

»Und ich bin Journalist und arbeite beim Sächsischen Tageblatt.«

Was wollte der? Bloß ein wenig reden?

Jedenfalls ließ er sich nicht abwimmeln.

»Darf ich?«

Ohne eine Antwort abzuwarten, setzte er sich dazu, und so unterhielten sie sich eine Weile darüber, was sie gerade lasen und welche Bücher sie besonders mochten, bis mein Vater sagte, er müsse jetzt leider aufbrechen, um eine Freundin abzuholen.

Der Journalist wollte sofort mitkommen und folgte ihm, als er das Lokal verließ. Sie gingen durch die Straßen und redeten weiter, bis sie bei der Hochschule meiner Mutter angekommen waren und mein Vater seinem Begleiter endlich begreiflich machen konnte, dass er sich hier nun wirklich verabschieden müsse, da er mit einer Frau verabredet sei.

»Du hast sie ihm doch nicht etwa gegeben?«

»Sonst wäre ich ihn nicht losgeworden.«

»Aber hoffentlich nicht die richtige!«

»Nein, die bei meinen Eltern in der Ostschweiz.«

»Dann kennt er jetzt deinen Namen.«

»Er wollte unbedingt, dass wir die Adressen tauschen!«

*

Dazwischen: zwei Leben in zwei völlig unterschiedlichen Systemen. Sie hüben, er drüben – oder umgekehrt, je nach Sichtweise. Es war die härteste Probe, durch einen gemeinsamen Plan schon fast untrennbar miteinander verbunden zu sein, aber schärfstens voneinander getrennt durch einen Vorhang, der nichts durchließ, ohne dass es bemerkt worden wäre. Sie waren beide mit ihren Gefühlen allein.

Zum Glück hatten sie zu tun: Sie musste in den Wochen vor der Flucht noch schnell ihr Studium in Kunsterziehung und Deutsch abschließen. Sie wollte unbedingt ein Zeugnis in den Händen haben, auch wenn sie nicht wusste, was es drüben wert sein würde. Also letzte Scheine einholen, die Abschlussarbeit schreiben, auf die Prüfungen vorbereiten. Es war ein Stress, aber er kam ihr nicht ungelegen, er hielt sie von weiterem Nachdenken ab. Und er musste sich unterdessen um die technischen Fragen kümmern.

Beim Bier mit einem Freund, eines Abends in Zürich. Er erzählte, er habe eine Bekanntschaft gemacht und sei deshalb in letzter Zeit einige Male in der DDR gewesen. Von seinen Plänen sagte er nichts. Er erwähnte nur, dass er jeweils über Prag geflogen sei und dann den Zug genommen habe.

Der Freund bemerkte beiläufig, er kenne einen, der auch öfter nach Prag reise, da er beruflich dort zu tun habe.

Mein Vater wurde hellhörig.

»Was macht er da?«

»Das weiß ich nicht genau.«

»Kennst du ihn gut?«

»Wieso fragst du?«

»Kann ich mal bei ihm vorbeigehen und mir seinen Pass anschauen?«

Der Freund wusste nicht, was das sollte, hatte aber nichts dagegen und gab ihm Namen und Adresse.

Konnte man da einfach mal klingeln und fragen, ob man kurz einen Blick in den Pass werfen dürfe?

Man konnte eigentlich nicht. Was würde der wohl denken?

Aber es ging nicht anders, wollte er sich einige Testflüge ersparen und zusätzliche Sicherheit gewinnen.

Also suchte er die angegebene Adresse auf und stellte sich als Freund eines Freundes vor, der ein besonderes Anliegen habe.

Der Unbekannte war erstaunt, ließ ihn aber herein.

Mein Vater wollte keine wilden Geschichten auftischen. Nichts von Flucht und Flugzeugen. Stattdessen erklärte er, er recherchiere für eine Reportage über den Flughafen Prag und habe ein paar Fragen.

Der Freund des Freundes gab bereitwillig Auskunft, so gut er konnte, und ließ sich schließlich dazu bewegen, seinen Pass hervorzuholen.

Mein Vater blätterte darin herum und fand sofort, wonach er gesucht hatte: immer derselbe Stempel, bis auf das wechselnde Datum, über eine längere Zeitspanne.

Und zum Glück derselbe Stempel, den er auch in seinem eigenen Pass hatte.

Darauf war also Verlass.

10 Stempeletüden

Am schwierigsten war das Zeichen auf dem großen C: der Hatschek, das Häkchen. Ein Winkel über dem Buchstaben, nach oben geöffnet und nach unten zulaufend, aber mit gebrochener Spitze. Ein von den Beinen geholter und auf den Rumpf gestellter Zirkumflex.

ČSSR

Der Hatschek verschmilzt nicht mit dem Buchstaben, über dem er steht. Er lässt einen diskreten Zwischenraum, der Zugehörigkeit und Abstand signalisiert, in einem wohlproportionierten Verhältnis zum Buchstaben, nicht zu groß und nicht zu klein, weder zu auffällig noch zu zurückhaltend.

Man muss ihn sich von nahem ansehen:

Der Hatschek ist ein Sonderfall, entstanden aus der Schwierigkeit, die tschechischen Laute mit den lateinischen Buchstaben abzubilden. Um dieses Problem zu beheben, boten sich zwei Wege an: entweder die Einführung neuer Buchstaben oder die Hinzufügung von Unterscheidungszeichen zum herkömmlichen lateinischen Alphabet – möglichst einfach, eindeutig und einheitlich.

In der *Orthographia Bohemica*, vermutlich von Jan Hus, dem böhmischen Reformator, der beim Konzil von Konstanz 1415 als Ketzer auf dem Scheiterhaufen starb, wurde das Problem so gelöst, dass über die entsprechenden Gaumenlaute ein Punkt kam. Daraus entwickelte sich allmählich ein keilförmiger Strich und schließlich das Häkchen.

Dass der Hatschek im deutschen Alphabet ein Unbekannter ist, war ein Problem. Man konnte nicht einfach in ein Stempelgeschäft gehen und ein C mit Hatschek bestellen. Vermutlich hätte es auch niemand im Angebot gehabt. Vielleicht ließ sich aber jemand ausfindig machen und ins Vertrauen ziehen, der gleich den ganzen Stempel mit ČSSR und PRAHA samt Datum und dem seltsamen Signet in der rechten oberen Ecke anfertigen würde.

Nur: Was will einer mit einem solchen Stempel?

Ein rechteckiger Grundriss, 3,75 cm breit und 2,25 cm hoch, eingefasst von einem Rahmen in der Dicke von 0,05 cm. Unten der Schriftzug PRAHA, in serifenlosen Großbuchstaben, zentriert, mit je einem Abstand von 0,75 cm nach beiden Seiten und selbst 2,25 cm breit und 0,3 cm hoch. In der Mitte des Rechtecks, zentriert nach allen Seiten, sechs Zahlen, alle 0,55 cm hoch: TTMMJJ. Oben links der Schriftzug ČSSR, wiederum in serifenlosen Majuskeln, 1,75 cm breit und 0,3 cm hoch, den Hatschek nicht eingerechnet, mit einem Abstand von 0,25 cm zum linken und 0,15 cm zum oberen Rand der rechteckigen Rahmung. Oben rechts das Signet: ein kometen- bis sputnikhaftes Gebilde, geometrisiert, bestehend aus einem kleinen Quadrat mit der Seitenlänge 0,5 cm, in denselben Abständen zur Rahmung wie der Schriftzug ČSSR, innerhalb des Quadrats die Zahl 6 und links vom Quadrat ausgehend eine Art Schweif mit sieben zu einer Spitze zulaufenden parallelen Linien, die längste, mittlere 0,75 cm lang, die kürzesten, äußersten 0,45 cm. Was dieses Signet bedeuten sollte, war nicht auszumachen. Aber immerhin war es grafisch klar strukturiert.

Farblich war der Stempel einheitlich in einem hellen Grün gehalten, mit einem Stich ins Blaue, am ehesten ein Opalgrün – wobei der Blaustich auch damit zu tun haben könnte, dass die Dokumente nach all den Jahren ziemlich verbleicht sind. Vielleicht war es ursprünglich ein Lindengrün.

Einkaufszettel:

- Kehlleistenstempel aus Holz (Rechteck)
- Sortiment Gummiplatten
- Stempelkissen in unterschiedlichen Grüntönen
- Leim
- Sezierbesteck für den Medizinalbedarf (verschiedene Messertypen, verschiedene Klingen)
- Pinzette
- Lupe

Mein Vater war nie ein guter Bastler. Ich erinnere mich an manche Katastrophe in meiner Kindheit, wenn er ein handwerkliches Problem zu lösen hatte. Aber er musste es irgendwie schaffen, den Stempel nach den Abdrücken in seinem Pass nachzubauen.

Er machte sich mit Seziermesser und Lupe an die Arbeit: Buchstaben um Buchstaben, Zahl um Zahl, Linie um Linie ... und Stunde um Stunde – bis er sich eingestehen musste, dass es so nicht ging. Man sah auf den ersten Blick, dass da ein Dilettant am Werk war: hier ein A zu groß und dort ein R zu schief, PRAHA dicker als ČSSR und alles wacklig. Und erst das S!

★

Ein Jahr davor, 1964/65, gab es den Fall Baumgartner/Cloetta: zwei Schweizer Studenten in West-Berlin, die in der DDR als Fluchthelfer agierten und mit gefälschten Pässen und Stempeln operierten – nur leider war ihr Stempel im Durchmesser drei Millimeter zu groß. Alex Baumgartner und Bernhard Cloetta wurden verhaftet, von der Stasi endlos verhört und der »Passfälschung als Vorbereitung zur Beihilfe zur Republikflucht« beschuldigt.

Der Fall ging groß durch die Schweizer Presse, mein Vater muss ihn mitbekommen haben, und führte auf höchster Ebene zu Spannungen zwischen der Schweiz und der DDR, bis hin zu einem »Visakrieg« und bis hinauf zu Erich Mielke und Walter Ulbricht. Auch Rechtsanwalt Vogel und die Schweizerische Delegation waren in den Fall involviert.

Nach rund 250 Tagen Gefängnis in Berlin-Hohenschönhausen und über 100 Verhören wurden Baumgartner und Cloetta in einem Gerichtsverfahren zu hohen Haftstrafen verurteilt, kamen aber auf politischen Druck frei und konnten in die Schweiz zurückkehren.

*

Er brauchte professionelle Unterstützung, durfte aber kein Wort preisgeben. Also musste er PRAHA und ČSSR in die Bestandteile zerlegen, die Buchstaben in einem Stempelgeschäft einzeln in Auftrag geben und darauf hoffen, dass niemand kombinatorische Überlegungen anstellte: A-A-C-H-P-R-R-S-S. Die Zahlen hingegen waren unverdächtig. Schließlich fand er einen, der bereit war, alles genau so zu machen, wie er es wünschte.

Karl Kaier	Zürich 1
Stempelfabrik	Gravierwerkstätte
In Gassen 4-6	Telephon 23 68 08

Als er auch noch das Signet haben wollte, kamen Fragen auf. Wofür er das alles brauche?

Für einen Tennisclub. Das Signet zeige einen Ball in abstrakter Form, der durch die Luft fliege und zum Zeichen seiner Geschwindigkeit Linien nach sich ziehe.

Die vorgefertigten Buchstaben und Zahlen sowie das Signet in den richtigen Abständen auf die Holzleiste zu kleben, war immer noch anspruchsvoll und mühsam, aber machbar.

Blieb nur der Hatschek. Er war in Millimetern nicht auszumessen, so klein und unscheinbar. Aber wenn er fehlte, würde er sofort auffallen, zumal dem Auge eines tschechoslowakischen Grenzbeamten.

Nach vielen Anläufen gelang es, mit Lupe, Pinzette und Seziermesser so etwas wie einen Winkel aus dem Gummi zu schneiden. Hauptsache, er war einigermaßen symmetrisch und in seiner Größe dem C gegenüber angemessen. Die stumpfe Spitze erforderte nur einen entschlossenen Schnitt.

Als es daranging, die richtige Farbe zu finden, füllte mein Vater ganze Bögen mit den verschiedenen Fälschungsstufen, bis er annähernd den richtigen Ton gefunden hatte. Eines der Stempelkissen ging schon weitgehend in die richtige Richtung, es musste nur noch nachbearbeitet werden, indem man mit Flüssigkeit etwas Farbe aus den anderen Stempelkissen löste, auf das Stempelkissen träufelte und einrieb, so gut es halt ging.

Von diesen Stempeletüden ist nur ein einziges Blatt erhalten geblieben: im Überschwang vollgestempelt von oben an bis unten durch und durch, aus lauter Freude darüber, endlich den richtigen Stempel in der richtigen Farbe zu haben.

Und bei allen handwerklichen Mängeln gab es immer noch die beruhigende Gewissheit: Zöllner stempeln in der Regel nicht schön. Das würde die Unzulänglichkeiten des selbstgebastelten Stempels aufzuwiegen helfen.

11 PM 105

Von vorne wirkte das Gebäude einschüchternd. Eine mächtige Fassade über eine Länge von gut 130 Metern und mit zwei runden Türmen an den beiden Ecken, wie zur Verteidigung gegen feindlichen Beschuss erbaut, in der Mitte ein imposantes Hauptportal mit drei Eingängen. Eine festungsartige Bastion aus dem Historismus, mit verrußtem Äußeren und im Inneren einer dunklen Geschichte als Polizeigefängnis, in der Schießgasse in der Altstadt von Dresden gelegen, nahe dem Neumarkt, beim Albertinum um die Ecke, am Pirnaischen Platz.

Von hinten sah der Bau weniger beeindruckend aus: Dort erstreckte sich eine Brache, wo bis zu den Bombenangriffen am Ende des Zweiten Weltkriegs ein vornehmes Stadtpalais gestanden hatte. An seiner Rückseite wirkte der mächtige Bau wie verwundet und notdürftig verarztet. Die wehrhafte Vorderseite war zur Kulisse geworden.

Zu DDR-Zeiten befand sich in dem Gebäude, das ursprünglich als Königlich-Sächsisches Polizeipräsidium errichtet worden war, das sogenannte Volkspolizei-Kreisamt: VPKA Dresden.

Sie war nicht zum ersten Mal da und ließ sich nicht mehr einschüchtern. Inzwischen kannte sie die Spielregeln. Man musste jedes Mal bei der Volkspolizei vorbei, wenn man ins sozialistische Ausland reisen wollte, um sich ein Visum zu beschaffen. Eigentlich war es gar kein richtiges Visum, man nannte es nur so. Tatsächlich handelte es sich um eine »Reiseanlage für den visafreien Reiseverkehr«, mit amtlichem Kürzel um ein »PM 105«. Eine Anlage zum Reisepass oder Personalausweis.

Für Reisen in die ČSSR galten vergleichsweise lockere Bestimmungen. Nur bis 1972 war ein solches Dokument überhaupt nötig, dann schloss die DDR mit der ČSSR ein Abkommen über den visafreien Grenzverkehr. Aber 1966 brauchte man noch eine Bewilligung für eine Reise nach Prag.

Man musste etwas vorlegen können, was das Ausreisebegehren rechtfertigte. Irgendetwas – eine Adresse, einen Brief, eine Einladung.

Das besaß sie: Er hatte ihr bei einem seiner Testläufe aus Prag einen Brief geschickt und sie zu sich eingeladen. Der Brief war in einem etwas mangelhaften Deutsch verfasst, machte jedoch konkrete Angaben, wo sie unterkommen würde. Er hatte einfach eine Adresse genommen, an der er selbst einmal abgestiegen war.

Nähere Gründe für den Besuch wurden keine genannt.

Sie bewegte sich weiter in ihren gewohnten Kreisen, doch fühlte es sich an, als ob sich zwischen sie und ihr Umfeld allmählich eine gläserne Wand schieben würde. Sie sah ihre Freundinnen und Freunde wie immer, aber nicht mehr wie sonst. Sie schienen seltsam entrückt, wenn sie unter ihnen saß, da sie unsicher geworden war, wie sie sich ihnen gegenüber verhalten sollte. Und zugleich fühlte sie sich ihnen näher denn je, da bereits die Wehmut einsetzte, sie schon bald und vielleicht für immer nicht mehr wiedersehen zu können. Nur manchmal kam sie sich wie eine Betrügerin vor: Hinterging sie nicht alle, indem sie ihnen verheimlichte, was sie vorhatte? Was sie wohl sagen würden, wenn sie es wüssten? Sie, die den Westen ebenso wenig kannten wie sie selbst?

Es blieb ihr nichts anderes übrig. Alle Abklärungen und Vorkehrungen, die sie traf, musste sie für sich behalten, und vor allem musste sie schweigen über das, was in ihr vorging – schweigen über ihre Liebe und ihr schlechtes Gewissen gegenüber denen, die sie zurücklassen würde, schweigen über ihre Ängste vor dem Scheitern und ihre Hoffnungen für die Zukunft. Und das in einer Lage, in der man sich nichts sehnlicher wünscht, als mit jemandem darüber zu reden.

Nur der besten Freundin konnte sie wenigstens ihre Gefühle anvertrauen, ohne jedoch die Fluchtpläne zu verraten. Es war besser, nichts zu sagen, so schwer es auch fiel. Nach der Flucht würden die Behörden bestimmt versuchen herauszufinden, ob sie etwas gewusst hatte.

Am schlimmsten war es bei der Mutter. Sie hatten nur einander – die Mutter nur ein Kind und keinen Mann, die Tochter nur die Mutter und weder Vater noch Geschwister. Meine Mutter war ein Einzelkind, gezeugt im Sommer 1943, im Urlaub von der Front. Ihr Vater war nach dem Krieg nicht in den Osten zurückgekehrt, nachdem er es bei Kriegsende in letzter Not mit einem Schiff aus dem Kurland-Kessel nach Schleswig-Holstein geschafft hatte. Von dort fuhr er durch die britische Besatzungszone nach Süden und fand in der Nähe von Braunschweig eine Anstellung als »Samtgemeindedirektor«. Er baute sich ein neues Leben auf und heiratete eine andere Frau, hatte aber keine weiteren Kinder. Als ehemaligem Wehrmachtsoffizier an der Ostfront wäre es ihm zu gefährlich gewesen, in die sowjetische Besatzungszone zurückzukehren, selbst wenn er es gewollt hätte.

Und nun würde meine Großmutter ein zweites Mal verlassen werden und auch ihr einziges Kind an den Westen verlieren, ohne dass sie etwas davon ahnte.

★

Meine Mutter betrat das Gebäude durch eine der drei Eingangstüren, gelangte in ein großzügiges Treppenhaus und ging zur Meldestelle.

Dort legte sie ihren Reisepass und seinen Einladungsbrief vor und sagte, sie wolle nach Prag.

»Für wie lange?«

»Vier Tage.«

»Besuchshalber?«

»Ja.«

»Und das ist ein Freund von Ihnen?«

Der Beamte tippte mit dem Finger auf den Namen, der unter dem Brief stand.

»Ein Bekannter.«

Der Mann hinter dem Schalter sah kurz auf, wollte auf die Unterscheidung aber offenbar nicht weiter eingehen.

»Reisen Sie mit dem Zug oder mit dem Auto?«

»Ich nehme den Zug.«

Damit wusste er genug und ging hinüber zur Schreibmaschine, um das Dokument auszufüllen.

Dann kehrte er zum Schalter zurück und stempelte es ab.

Mit dem PM 105 konnte sie sich eine Fahrkarte kaufen.

12 Iphigenie Code

IPHIGENIE *Ein Zeichen bat ich, wenn ich bleiben sollte.*
THOAS *Das Zeichen ist, dass du noch hier verweilst.*

Zwei Zweizeiler aus Goethes *Iphigenie*, zitiert nach der Ausgabe des Reclam Verlags Leipzig, in einem Brief meines Vaters. Meine Mutter konnte aus den beiden Seitenzahlen das Datum ableiten, an dem sie aus Prag abfliegen würde.

Als sie den Brief gelesen hatte, nahm sie das Bändchen zur Hand, suchte die Stellen und wurde schnell fündig: Seite 7 und Seite 16.

Drei Tage vorher musste sie da sein.

IPHIGENIE *Kann uns zum Vaterland die Fremde werden?*
ARKAS *Und dir ist fremd das Vaterland geworden.*

13 Im WK

Freies Feld irgendwo im Thurgau. Eine Füsilier-Kompanie der Schweizer Armee liegt mit ihren Sturmgewehren im Dreck. Sie hat den Befehl, den Thurbogen zwischen Wil und Frauenfeld als natürliche Verteidigungslinie gegen einen von Nordosten einfallenden Feind zu halten.

Eine ländliche und nicht sehr hügelige Gegend, viele Felder und einige Wälder. Die Thur selbst ist nicht breit und nicht tief, kein ernstes Hindernis für gegnerische Bodentruppen. Sie kommt aus dem Alpstein, durchquert das Toggenburg, greift aus in einem weiten Bogen Richtung Bodensee und mündet hinter Schaffhausen in den Rhein.

Die Kompanie befand sich in einem militärischen Wiederholungskurs, kurz »WK« genannt, einem alljährlich von jedem Schweizer Milizsoldaten zu leistenden Fortbildungsdienst. Rund hundert Männer, mitten aus dem Alltag gerissen und übungshalber in den Kriegszustand versetzt.

Der Feind kam immer aus dem Osten. Die Truppen des Warschauer Pakts. »Rot aus Osten« gegen das eigene Weiß. Und jedem Soldaten, der mit seinem Sturmgewehr über Felder robbte und durch Wälder rannte, war klar: Wenn die Russen kommen, müssen wir schießen.

Der neuste Schrei der sowjetischen Rüstungsindustrie war der BRDM-2: ein amphibischer Spähpanzer mit vierköpfiger Besatzung und ABC-Schutz, mit Allradantrieb an Land und vierflügligem Propeller im Wasser, mit einer Winde von vier Tonnen Zuglast und einem überschweren Maschinengewehr für Boden- und Luftziele.

1966 wurde der BRDM-2 bei einer Parade auf dem Roten Platz in Moskau der Öffentlichkeit erstmals vorgeführt. Später war er unter dem Namen SPW-40P2 in der Nationalen Volksarmee der DDR im Einsatz.

Mit dem BRDM-2 würde man es leicht durch die Thur schaffen. Rein, rüber, raus. Umso sinnloser musste es einem vorkommen, mit ein paar Infanteristen am Mg 51 diese Stellung behaupten zu wollen. Und noch viel sinnloser einem, der gerade dabei war, seine ganz persönlichen Erfahrungen mit dem Kalten Krieg zu machen.

Immerhin hatte er, während er im Dreck lag, drei ewig lange Wochen Zeit, um sich die eigene Strategie gegen Rot aus Osten immer wieder durch den Kopf gehen zu lassen – Punkt für Punkt.

14 Brief an die Polizei

Der Unterzeichnete gibt folgende Erklärung zuhanden der Schweizer Polizei:

1) Er ist am Dienstag, dem 12. Juli 1966, mit dem Swissair-Kursflugzeug SR 472 von Zürich-Kloten nach Prag geflogen.

2) Zweck dieser Reise ist der Versuch, die ostdeutsche Staatsangehörige *** am Samstag, dem 16. Juli 1966, durch den Flughafenzoll Prag in die Swissair-Maschine SR 471 zu bringen, um damit den Westen, d.h. Zürich-Kloten, zu erreichen.

3) Um diesen Zweck zu verwirklichen, sind folgende Vorkehrungen getroffen worden:
   a) Zu wiederholten Malen ist der Unterzeichnete während eines Gastsemesters an einer Westberliner Universität in die DDR gereist, um das Prozedere an den Grenzübergangsstellen zu studieren und Fluchtmöglichkeiten zu eruieren. Der Unterzeichnete weiß positiv, dass dem Staatssicherheitsdienst (SSD) vom heimlichen Zweck dieser Reisen nichts bekannt wurde.
   b) Letztmalig hat sich der Unterzeichnete im Mai 1966 teils illegal in der DDR, im Grenzgebiet DDR-ČSSR und in Prag aufgehalten. Ziel dieser Reise war es, geplante Fluchtmöglichkeiten auf ihre Realisierbarkeit hin zu überprüfen und sich nochmals zu vergewissern, dass der SSD auf das Vorhaben nicht aufmerksam geworden sei.

4) Die Flucht selbst soll bewerkstelligt werden
   a) durch einen echten Schweizerpass, der unter Vorspiegelung falscher Tatsachen, aber mit einem echten Pass-

bild der Republikflüchtigen versehen, bei einer Schweizer Passbehörde ausgestellt wurde.

b) durch ein Einreisestempelfalsifikat der Flughafenzollstelle Prag. Mit diesem Stempel sollen das von der tschechoslowakischen Botschaft in Bern ausgestellte Visum im Pass und die Visa-Begleitzettel gezeichnet werden. – Die Qualität des Falsifikats kann anhand des Abdrucks im Anhang beurteilt werden.

c) durch ein Swissair-Flugticket Zürich-Prag-Zürich, versehen mit in Zürich ausgestellten Bus-, Gepäck- und Flughafenbescheinigungen.

d) durch verschiedene kleinere Vorrichtungen wie westliche Wäsche, Toilettenartikel, Etiketten, Kleider, Zeitschriften.

5) Die Absicht besteht darin, die Republikflüchtige als Schweizer Touristin in der ČSSR auszugeben. Um das Risiko einer Kontrolle von DDR-Reisenden durch den SSD oder die tschechoslowakische Polizei zu reduzieren, wird sich die Republikflüchtige faktisch nur kurze Zeit in Prag aufhalten. Es muss aber ein längerer Aufenthalt für sie vorgetäuscht werden. Dazu sind stellvertretend Devisen-Umtauschbescheinigungen zu beschaffen. Ein Weg dahin muss erst noch erprobt und durchgeführt werden.

6) Bei der Einreise können Schwierigkeiten entstehen, wenn die tschechoslowakischen Zollorgane am Flughafen Prag den Stempel (in einer Seife versteckt), das Stempelkissen (in den Rasierapparat eingebaut) oder den Pass (ins Reisenecessaire eingenäht) entdecken.

7) Bei der Ausreise können Schwierigkeiten entstehen, wenn einer der Beteiligten durch nervliches Versagen Aufsehen erregt.

8) Durch Telegramme an eine Drittperson in der Schweiz werden wir versuchen, solange es uns möglich ist, den Kontakt aufrechtzuerhalten.

9) Der Unterzeichnete hält eine Darlegung seiner Motive für unnötig.

10) Er ist sich bewusst, gegen die schweizerischen Gesetze betreffend Urkundenfälschung verstoßen zu haben.

11) Der vorliegende Brief ist eine Erklärung für den Fall, dass die Aktion scheitert und seitens der Schweizerischen Eidgenossenschaft Schritte unternommen werden müssen, um die Beteiligten vor unverhältnismäßiger Bestrafung zu schützen.

12) Bei einer eventuellen Bekanntmachung durch die Presse wird die Polizei dringend gebeten, von genaueren Angaben abzusehen, da dadurch ein weiterer Personenkreis in der DDR gefährdet werden könnte.

13) Der Unterzeichnete erklärt ausdrücklich, dass diese Angaben der Wahrheit entsprechen.

14) Der Überbringer dieses Schreibens ist in das Unternehmen nicht eingeweiht worden.

15 An der Grenze

Wir kamen immer erst nach Mitternacht an. Ein riesiges Areal im Niemandsland, taghell erleuchtet von einer Kolonne aus Straßenlampen, die zwischen den Fahrbahnen in Reih und Glied standen, an der Grenzlinie selbst eine Überdachung, die sich wie ein Balken quer über die Autobahn legte. An beiden Seiten zeichneten sich im Dunkel Wälder mit dichtem Bestand ab.

Wir fuhren immer spät am Nachmittag los, um wegen des Zwangsumtauschs nicht vor Mitternacht dort zu sein. Und weil wir hofften, dass dann weniger Betrieb war.

Ich saß mit meiner Schwester hinten im Auto, vorne am Steuer mein Vater und daneben meine Mutter.

Unterwegs herrschte eine Stimmung, wie ich sie von vielen langen Autofahrten aus meiner Kindheit kannte: Meine Mutter erzählte Geschichten, mein Vater machte Witze, meine Schwester und ich langweilten uns auf der Rückbank.

Je näher wir der Grenze kamen, desto ernster wurden wir. Meine Mutter beschlich ein ungutes Gefühl, und mein Vater wurde schon ungeduldig, bevor die Grenzkontrollen überhaupt begonnen hatten. Zu meiner Schwester und mir hieß es nur, wir sollten ruhig sein und tun, was uns gesagt werde.

Unmittelbar vor der Grenze fuhren wir an einem Heer von Hinweisschildern vorbei und reihten uns in die Wartespur ein.

Zu so nächtlicher Stunde standen nur wenige Fahrzeuge an, aber viele Beamte herum. Offenbar hatten sie keine Eile.

Wir warteten und sahen zu, wie es nicht voranging. Wir wussten auch, dass es länger dauern konnte.

Ich schaute durch die Scheiben des Autos und blickte auf eine Szenerie, die mir vollkommen fremd war und beängstigend vorkam. Ein kaltes Gelände aus Asphalt und Beton, umgeben von hohen Zäunen und Beobachtungstürmen, vorne das Abfertigungsareal mit Schranken und Kabinen, flankiert von kasernenartigen Gebäuden, in jedem Winkel beaufsichtigt von Grenzbeamten in graugrünen Uniformen.

Aus Langeweile und Verärgerung fing mein Vater irgendwann an, die Beamten einzeln zu kommentieren.

»Schaut mal den dort, der hat nichts zu tun, der steht nur herum, der dort auch nicht, der geht ein bisschen hin und her. Da hinten sind auch noch welche. Und trotzdem passiert hier nichts. Oder seht ihr was?«

Einmal geschah es, dass ich nach der langen Fahrt beim Warten im Auto ein dringendes Bedürfnis hatte. Mein Vater begleitete mich zur Toilette und merkte, dass sich so ein zwischenmenschlicher Kontakt zu den Beamten herstellen ließ, der die Dinge vielleicht begünstigte und beschleunigte. Ich stand in der Kabine und konnte hören, wie er mit ihnen über irgendeine Nebensächlichkeit sprach. Von da an brachte er mich auch zur Toilette, wenn ich gar nicht pinkeln musste.

Als wir endlich durch waren, hämmerte mir der Rhythmus der Autobahnplatten ins Bewusstsein, dass wir auf der ganz anderen Seite angekommen waren.

★

Einmal fuhren wir in den Harz auf eine Anhöhe, von der aus man einen herrlichen Blick auf eine bewaldete Landschaft mit sanften Hügeln hatte. In Sichtweite der Brocken, der mit seiner rot-weißen Antenne aussah wie eine Raketenstation.

Es war anlässlich der ganz wenigen Besuche bei meinem Großvater, dem Vater meiner Mutter. Ich habe kaum Erinnerungen an ihn, ich habe ihn vielleicht drei- oder viermal gesehen, ich war nicht einmal auf seiner Beerdigung. Er lebte in einer kleinen

Gemeinde direkt an der Grenze, auf westlicher Seite. Dort bewohnte er ein bescheidenes Haus mit seiner zweiten Ehefrau, die ihrerseits eine Tochter aus erster Ehe hatte und deren Mann im Krieg gefallen war.

Die Stimmung war nie entspannt, wenn wir dort waren, es gab keine Heiterkeit oder gar Herzlichkeit im Umgang miteinander, dazu sahen wir uns auch viel zu selten. Im Nachhinein erkläre ich es mir so, dass zwei unbeantwortete Fragen im Raum standen: die Frage, warum mein Großvater meine Mutter und ihre Mutter im Osten hatte sitzenlassen, und die Frage, was er als Parteimitglied und Offizier in der Wehrmacht getan hatte.

Die eine Frage wurde nie gestellt, und auf die andere gab er keine Antwort. Als kleiner Junge konnte ich das nicht durchschauen, spürte es aber daran, dass mein Vater immer sofort dazwischenging, wenn ich mich ihm ein wenig nähern wollte.

Mein Großvater war nicht mitgekommen auf den Ausflug in den Harz. Er war zu Hause geblieben, wir würden am Abend wieder zurück sein. Wir fuhren im Auto ohne genauen Plan herum, bis wir eine Stelle gefunden hatten, wo man eine gute Aussicht hatte. Dort stiegen wir aus und blickten über das Land.

Es muss Sommer gewesen sein, der Wald stand dicht und grün. Und als wäre jemand mit einer riesigen Rasierklinge durch die Baumstämme gefahren, zog sich ein endloser kahler Streifen über die Hügel, breit und brutal. Er sah aus wie eine nicht verheilte Narbe in einem buschigen Fell.

Ich war verwirrt, so etwas hatte ich noch nie gesehen. Und ich wusste nicht, ob meine Eltern mich bewusst an diesen Ort geführt hatten, um mir die Grenze zu zeigen. Sie schienen mit sich selbst beschäftigt, als wir über das Land blickten, also wollte ich keine Fragen stellen. Aber beim Abendessen würden sie mir einige Dinge erklären müssen.

16 Von Grün auf Rot

SR 472 ging am frühen Morgen. Das konnte meinem Vater nur recht sein, denn so würde er in Prag auf jeden Fall genügend Zeit zur Verfügung haben, bis er anderntags meine Mutter am Bahnhof abholen sollte.

Um zum Flughafen in Kloten zu gelangen, nahm man damals nicht den Zug, sondern den Bus. An der Nordseite des Zürcher Hauptbahnhofs, in der Museumstrasse gegenüber dem Landesmuseum, befand sich das SWISSAIR TERMINUS, groß angeschrieben im Schriftzug der Fluggesellschaft. Dort warteten graue, doppelstöckige Busse mit Gepäckanhängern, um die Passagiere zum Flughafen zu bringen. Drinnen in der Bahnhofshalle waren die Schalter des Swissair-Luftreisebüros.

> Latest check-in times / Späteste Abfertigungszeiten /
> Heure limite d'enregistrement SR 472:
>
> City-Terminal / Terminus: 7:00 Uhr
> Airport: 7:25 Uhr

Mein Vater war viel zu früh da und betrat beim Terminus die Bahnhofshalle, um sich ein wenig die Zeit zu vertreiben.

Die Geschäfte hatten bereits geöffnet. Er ging zu einem Kiosk, schaute sich die Auslagen an, las die Schlagzeilen der Zeitungen und kaufte sich schließlich für die Reise ein Fläschchen Kognak, das man in die Brusttasche stecken konnte.

Dann stellte er sich in der Halle an den Rand und sah dem Treiben zu.

Leute auf dem Weg zur Arbeit kreuzten sich aus allen Richtungen.

Irgendwann nahm er das Fläschchen hervor, setzte es an und trank einen Schluck.

Plötzlich kam ein älterer Herr auf ihn zu, der ihn offenbar beobachtet hatte, stellte sich vor ihn hin und sagte empört:

»Jetzt seid Ihr noch so jung und müsst schon so früh am Morgen so schnapsen!«

Mein Vater blickte ihn verständnislos an. Das Wort »schnapsen« hatte er gar nicht gekannt.

Er erwiderte nichts.

Der ältere Herr wollte auch nichts hören, sondern wandte sich sogleich wieder ab und verschwand unter den Menschen.

Free baggage allowance / Freigepäckgrenze /
Franchise de bagages:
First Class: 30 kg or 66 lbs
Tourist / Economy Class: 20 kg or 44 lbs

Er hatte zwei Koffer dabei, einen für sich und einen für sie. Vom Gewicht her war das kein Problem. Er musste nur zusehen, dass beide in Zürich-Kloten eine ordentliche Gepäckbescheinigung bekamen.

Im Flugzeug hatte er viel Platz. Der Sitz neben ihm war leer. Die ehemalige Freundin, deren Pass in seinem Gepäck lag und auf deren Namen der Sitz gebucht war, hatte die Reise nicht angetreten. Im unwahrscheinlichen Fall, dass jemand nach ihr fragte, würde er sagen, sie sei leider krank und habe nicht mitkommen können.

Aber im Grunde hatte er damit ja nichts zu tun. Der Platz war auf einen Namen gebucht, der mit seinem nicht in Zusammenhang gebracht werden konnte.

Das Ticket bestand aus einem querformatigen Heftchen mit mehreren Blättern, hellblau und weiß in den Grundtönen, rot das pfeilförmige Logo der Swissair. Den Schein für ihren Hinflug musste er nicht abstempeln lassen; es genügte, in Prag einfach das entsprechende Blatt aus dem Heftchen zu reißen. An der Perforierung würde man sofort erkennen, dass da mal ein Hinreiseticket gewesen war.

Der Flug verlief ruhig. Und ruhig war auch er. Er saß auf seinem Platz und machte sich keine Sorgen. Er hatte weder Angst noch Bedenken, dass irgendetwas schiefgehen könnte. Eigentlich ein skrupulöser Charakter, der sich, wenn er etwas macht, schnell einmal fragt, ob es auch richtig ist, strotzte er in diesem Moment vor Selbstvertrauen, wie in einem Rausch der Gewissheit. Zweifel konnten auch gar nicht an die Oberfläche seines Bewusstseins gelangen, zu sehr war es mit der Organisation beschäftigt. Er hatte alles durchdacht und alles vorbereitet. Sein Plan konnte gar nicht scheitern. Er musste klappen.

So war es schon gewesen, als er am Stempel gearbeitet hatte, den er nun in seinem Gepäck mitführte. Jedes Mal, wenn er nach tagelanger Bastelei wieder einen Buchstaben oder eine Zahl auf die Holzleiste geklebt hatte, war er ausgegangen und hatte mit der größten Zufriedenheit und Zuversicht im Strohhof noch ein Bier getrunken.

Nur manchmal quälten ihn Fragen ganz anderer Art: Wie würde die westliche Welt auf sie wirken? Würde sie ihr gefallen? Und was, wenn nicht?

Praha-Ruzyně: Nach der Landung mit dem Bus über das Flugfeld zur Ankunftshalle. Dort musste man, je nach Flugsteig, einen langen Weg zurücklegen, bis man am Ende der Halle auf die Schalter für die Grenzkontrolle traf, wo man den Einreisestempel erhielt.

Er stellte sich in die Schlange, wartete und wusste, was er bekommen würde. Sicherheitshalber hatte er den gefälschten

Stempel noch nicht in ihren Pass hineingemacht. Dafür würde er in Prag genügend Zeit haben.

Als er an der Reihe war, gab er dem Grenzbeamten seinen Pass. Dieser blätterte darin herum, sah meinen Vater durch die Scheibe kurz an und stellte die üblichen Fragen. Schließlich machte er den Stempel hinein, klappte den Pass zu und reichte ihn durch die Öffnung im Glas.

Mein Vater war sofort stutzig geworden. Aber er durfte sich nichts anmerken lassen und nahm das Dokument wieder an sich.

Er ging einige Schritte vom Schalter weg, blieb stehen, öffnete den Pass und erstarrte: Der Stempel war nicht grün, sondern rot, sah völlig anders aus und besaß seit Neuestem sogar ein verstellbares Element, das sich jederzeit ändern ließ.

17 Vorbereitete Nichtrückkehr

Sobald sie weg wäre, würden sie kommen. Das wusste sie, oder zumindest erzählte man es sich so. Sie würden kommen und alles durchsuchen. Sie würden in ihr Zimmer eindringen, das sie in einem Dresdner Studentenheim bewohnte, und dort die Schränke aufreißen, die Schubladen durchwühlen, hinter jedem Möbel und in jeder Ritze suchen, nach Briefen, nach Namen, nach Nummern. Sie würden wissen wollen, mit wem sie in Kontakt gestanden hatte, wer ihre Freundinnen und Freunde, wer ihre Familie und Verwandten waren, wer von der Aktion gewusst haben könnte und vielleicht sogar daran beteiligt war. Sie würden das gesamte persönliche Umfeld überprüfen und sich auch in der Wohnung der Mutter in Karl-Marx-Stadt umsehen.

Also möglichst keine Spuren hinterlassen, um niemanden in Gefahr zu bringen. Sie musste alles hinter sich vernichten, Abschied nehmen von ihrem ganzen bisherigen Leben. Es würde keine Rückkehr in dieses Leben geben, so oder so.

> Nichtrückkehr ist eine Verletzung der Rechtspflicht der Bürger der Deutschen Demokratischen Republik zur Rückkehr vom zeitweiligen Aufenthalt außerhalb des Staatsgebietes. Dieser Pflicht ist zuwidergehandelt, wenn die Rückkehrfrist überschritten oder (im Fall unbefristeten Auslandsaufenthalts) dem konkreten Rückkehrgebot nicht entsprochen wird. Eine Verletzung dieser Pflicht liegt aber auch vor, wenn das Land, für welches der Aufenthalt genehmigt ist, innerhalb des Genehmigungszeitraumes zum Zwecke der Nichtrückkehr in die Deutsche Demokratische Republik verlassen wird.

Was an Gegenständen da war, von Stuhl, Tisch, Bett bis Schuhe, Teller, Bücher, konnte sie einfach zurücklassen. Sie sagten nichts aus. Aber die Papiere musste sie alle einzeln durchsehen, Blatt für Blatt. Und auch die Fotos, Bild für Bild.

Vieles, das man nie mehr brauchen würde oder anschauen wollte und getrost vernichten konnte. Aber eben auch einiges, das beim Durchsehen Erinnerungen wachrief: Briefe von Freundinnen und Freunden, von denen sie manche aus den Augen verloren hatte und andere noch regelmäßig sah; Fotos, die sie als Kind zeigten, an Geburtstagen, im Urlaub, mit Verwandten, als Jugendliche, als junge Frau; Postkarten, die ihr aus den Ferien geschickt worden waren und die sie aufbewahrte, weil ihr das Bild gefiel oder die Person etwas bedeutete; Briefe ihrer Mutter und Briefe ihres Vaters, von dem sie sonst nichts hatte.

Sie machte zwei Stapel: einen großen mit den Papieren, die sie bündelte und in die Heizzentrale ihrer Wohnsiedlung trug, wo man alles hinbringen konnte, was brennbar war, und einen kleinen mit dem, was zu vernichten sie nicht übers Herz brachte.

Sie musste einen Ort finden, wo man es nicht entdecken würde und wo sie es eines Tages, wer weiß, vielleicht einmal abholen könnte.

Vorbereitete Nichtrückkehr begeht, wer den Entschluss zur Nichtrückkehr in der DDR fasst und den Wohn- oder Aufenthaltsort verlässt, um die Staatsgrenze mit dem Ziel der ungesetzlichen Nichtrückkehr zu passieren.

Am Tag, als sie abfuhr, ging sie zu ihrer Freundin und klingelte an der Tür. Die Freundin machte auf und war überrascht, als sie sie sah.

»Komm rein!«

»Jetzt nicht.«

»Was ist?«

»Ich wollte nur kurz vorbeischauen, um dir etwas zu geben.«

Sie zog einen dicken Umschlag aus der Tasche, den sie mit Klebestreifen verschlossen hatte.

»Da sind Briefe und Fotos von mir drin. Ich möchte dich bitten, sie für mich aufzubewahren.«

Die Freundin blickte auf den Umschlag, der ihr hingehalten wurde, machte aber keine Anstalten, ihn an sich zu nehmen.

»Was heißt das?«

»Ich gehe.«

»Wie.«

»Ja.«

»Wohin?«

Meiner Mutter fiel es schwer, die Frage zu beantworten.

Die Freundin sah sie entgeistert an.

»Zu ihm?«

»Ja.«

»Du kennst ihn doch kaum!«

»Aber ich vertraue ihm. Du kennst ihn doch auch.«

Die Freundin verstummte und versuchte sich klarzumachen, was ihr soeben mitgeteilt wurde.

»Ich sage es nur dir, du bist die Einzige, die mich vielleicht versteht.«

»Sonst weiß niemand was davon?«

»Nein.«

»Nicht einmal deine Mutter?«

»Wo denkst du hin. Sie würde sich so viele Sorgen machen, ich konnte es ihr nicht sagen.«

»Sie hat nur dich ... seit dein Vater ...«

»Ich weiß.«

»Sie wird es nicht überleben.«

»Bitte nicht!«

»Und ich?«

Darauf hatte sie keine Antwort.

»Wann gehst du?«

»Heute. Jetzt gleich.«

»Was habt ihr vor?«

»Es ist besser, wenn du es nicht weißt.«

»Das ist doch lebensgefährlich!«

»Wir gehen keine Risiken ein, keine Lebensgefahr. Du musst dir keine Sorgen machen.«

Die Freundin konnte es kaum glauben.

»Für dich ist das Risiko viel größer als für ihn.«

»Das ist mir bewusst.«

»Und wenn es schiefgeht? Was dann?«

»Daran will ich gar nicht denken.«

Meine Mutter blickte die Freundin flehentlich an.

»Frag nicht weiter nach, du weißt jetzt schon zu viel!«

Sie hielt ihr noch einmal den Umschlag hin.

»Nimm bitte diesen Umschlag und verstecke ihn irgendwo, wo niemand ihn finden kann.«

Die Freundin streckte zögerlich die Hand aus und nahm den Umschlag an sich.

»Danke.«

Dann standen sie sich verzweifelt gegenüber.

»Wir werden uns wiedersehen.«

Meine Mutter umarmte sie und wandte sich mit einem Ruck zum Gehen, drehte sich aber noch einmal um.

»Ich schreibe dir, wenn ich drüben bin.«

Das Verlassen des Wohn- oder Aufenthaltsortes mit dem Ziel, die Staatsgrenze ungesetzlich zu passieren, stellt den Beginn der Ausführung der geplanten Straftat dar und begründet strafrechtliche Verantwortlichkeit wegen Versuchs.

Sie hatte noch einen dritten Stapel gemacht – wobei von einem Stapel nicht eigentlich die Rede sein konnte. Er bestand aus zwei dünnen Schichten: aus den Zeugnissen des Studiums, das sie zwischendurch abgeschlossen hatte, in der Zeit von April bis Anfang Juli, und aus dem Studentenausweis, der auf ihren richtigen Namen lautete.

Sie würde sich im Westen ja irgendwie ausweisen können müssen gegenüber den Behörden, ob nun in der Schweiz oder in der Bundesrepublik.

Und sie schrieb Abschiedsbriefe, die sie unterwegs einwerfen würde, an Freundinnen und Freunde, aber nur an wenige. Was konnte sie schon schreiben. Dass sie der Liebe wegen ging, nicht weil sie von hier wegwollte. Dass sie sicher war, dass alles gutgehen werde. Und dass sie sich melden würde, sobald sie drüben sei. Was konnte sie schon schreiben? An die gemeinsame Zeit erinnern? Um Verständnis bitten? Auf ein Wiedersehen hoffen?

Ihrer Mutter sagte sie am Telefon, sie fahre für ein paar Tage an die Ostsee.

Schließlich packte sie ihre Kleider. Für ein Wochenende in Prag brauchte sie nicht viel. Was er ihr bei seinen Besuchen aus Zürich mitgebracht hatte, nahm sie alles mit. An Ostkleidern nur, was sie modisch für auf der Höhe der Zeit hielt.

Aus einer Laune heraus hinterließ sie auf dem Tisch ein einziges Blatt Papier.

Als sie reisefertig war und kurz davorstand, ihr Zimmer für immer zu verlassen, klingelte es an der Tür.

Sie fuhr zusammen.

Wer konnte das sein? Waren sie doch hinter ihr her?

Sie zögerte, öffnete dann aber die Tür.

Draußen stand die Freundin.

»Ich begleite dich zum Bahnhof.«

18 Bierhallenblues

Ein hoher Saal mit gewölbter Decke und ohne Fenster, dafür mit Glasscheiben im Dach. Die Luft war schlecht und auch das Licht. Fahler Sonnenschein fiel durch die matten Scheiben, und von der Decke hingen einige Lampen tief in den Raum, die kaum Helligkeit spendeten. Regelmäßig im Saal verteilt standen kleine runde Tische, auf einem Bein und von einer Höhe, dass man sich stehend bequem darauf abstützen konnte. Stühle gab es keine.

Um jeden Tisch scharten sich sechs Männer, nicht mehr und nicht weniger, als seien sie abgezählt. Jeder hatte ein Bierglas vor sich, aus dem er ruhig und in großen Schlucken trank. Danach stellte er es wieder ab, sah auf den Tisch oder zu Boden oder in den Saal, mit leerem Blick, anscheinend ohne Interesse an dem, was um ihn herum vorging, um nach kurzer Zeit das Glas erneut anzusetzen. Kaum war es leer, bekam man ein volles, ohne dass man hätte bestellen müssen. Alle tranken auf dieselbe eintönige Weise, ein vollkommen gewohnheitsmäßiger Vorgang.

Unter den Gästen wurde nicht geredet. Man tauschte auch keine Blicke aus. Es schien zumindest so, als ob man einander gar nicht wahrnehmen würde. Undenkbar, dass einer dem andern zugeprostet hätte. Die Stille im Saal war bedrückend angesichts der vielen Leute, die sich darin aufhielten. Die einzigen Geräusche entstanden, wenn wieder ein Glas auf dem Tisch abgestellt wurde. Ab und zu noch ein Husten oder Räuspern. Von draußen drang kaum Lärm herein.

Bedient wurden die Männer von einer ältlichen Frau, die unermüdlich zwischen der Theke und den Tischen hin und her eilte, genauso unermüdlich, wie die Männer Bier tranken. Sie nahm am Tresen immer gleich mehrere Gläser auf einmal mit, machte mit ihrem Tablett den Rundgang und stellte, ohne zu fragen oder den Gast auch nur fragend anzublicken, jedem ein neues

Glas hin, dessen altes leer war. Dabei machte sie mit Kreide einen Strich auf den Tisch. Sie schien sich lautlos durch den Raum zu bewegen, keiner der Männer schenkte ihr seine Aufmerksamkeit.

Hinter der Theke, im Fond des Saales, stand ein dicker Mann, der unablässig Bier zapfte und die vollen Gläser auf den Tresen stellte.

*

Als mein Vater, noch gänzlich benommen, gleich nach der Ankunft in Prag vor das Flughafengebäude trat, hatte er keine Ahnung, was er nun tun und wohin er sich wenden sollte.

Vor der Ankunftshalle stand ein Bus.

Mein Vater stieg ein, ohne zu überlegen und zu merken, dass es kein öffentlicher Bus war, sondern einer für russische Soldaten.

Im Bus blickten ihn von allen Seiten überraschte Gesichter an. Die Soldaten waren offensichtlich erheitert über den verirrten Fremdling.

Man fuhr in Richtung Stadt. Unterwegs wurde rundherum ohne Unterlass geredet und gelärmt. Mein Vater merkte wohl, dass er Gegenstand der Unterhaltung war, wenn er auch nicht verstand, was über ihn gesagt wurde. Immer wieder richtete einer das Wort an ihn, rempelte ihn ein wenig an oder klopfte ihm sogar auf die Schulter. Es war unmöglich, sich zu verständigen, doch wirkte die Stimmung nicht bedrohlich.

Draußen eilten die Häuserzeilen vorbei, der Bus fuhr schnell und unruhig, es herrschte viel Verkehr. Immer wieder musste der Fahrer anderen Fahrzeugen ausweichen, man wurde gehörig durchgeschüttelt.

Irgendwann muss meinem Vater bewusst geworden sein, dass ihn dieser Russenbus nicht weiterbrachte. Er wusste ja nicht einmal, wo er hinfuhr. Also bahnte er sich einen Weg durch das Gedränge nach vorn und versuchte dem Fahrer begreiflich zu machen, dass er aussteigen wolle. Dieser blickte ihn erstaunt an und bedeutete ihm mit den Händen, dass er hier nirgends halten könne. Wenige Zeit später bremste er jedoch plötzlich, fuhr an die Seite, öffnete die vordere Tür und nickte dem seltenen Fahrgast zu.

Der stieg aus, irgendwo an einem Platz.

Gegenüber lag ein Bahnhof.

Rasch überquerte mein Vater den Platz, ging in die Bahnhofshalle hinein und entdeckte dort ein Bahnhofbuffet.

Noch immer benommen trat er ein.

Niemand hatte ihn bemerkt, als er in den Saal gekommen war. Er blieb bei der Eingangstür stehen und schaute sich um. Nach dem Stimmengewirr im Bus wirkte die unvermutete Stille befremdlich.

An einem der vorderen Tische standen nur fünf Männer. Als wäre der Neuankömmling erwartet worden, war noch ein Platz frei. Keiner sah auf, als er hinzutrat, alle tranken unbeirrt weiter.

Unverzüglich erhielt auch der neue Gast sein Glas.

Er musterte den Saal und die Leute, so gut es ging, beeilte sich aber, das Bier auszutrinken.

Gutes, leichtes, süffiges Bier.

Als er damit fertig war, wollte er eigentlich bezahlen und gleich wieder gehen. Er hatte hier nichts verloren. Ehe er sich's versah, stand aber schon ein neues Glas vor ihm. Er wollte der Kellnerin hinterherrufen, doch die Stille im Saal hinderte ihn daran.

Ob er wollte oder nicht, er musste das zweite Bier trinken.

Dabei ließ er sich mehr Zeit.

Die Tische waren so klein, dass man dicht beieinanderstand, ohne sich zu berühren. Dennoch fühlte man sich in den Kreis körperlich eingebunden. In der Mitte lagen Aschenbecher, auf der Tischplatte sah man die Abdrücke der Gläser. Einige der

Männer stützten sich auf, andere standen aufrecht da und hielten sich an ihrem Glas fest.

Zwischen den Tischen lag einiger Abstand, was den Eindruck erweckte, es hätten sich daran lauter kleine Gemeinschaften gebildet. Keine Bilder an den Wänden, nur eine große Uhr, keine Stuckatur an der Decke, aber das milchige Grün der Scheiben im Dach. Die wenigen Geräusche verhallten im Raum, der Geruch nach Rauch, Schweiß und Bier war beklemmend.

Als gehorchten die Männer einem unbekannten Gesetz, so stetig und notwendig vollzog sich ihr Trinken.

Doch verlor die Stimmung im Saal allmählich ihr Bedrängendes und Bedrückendes. Im Gegenteil begann eine gewisse Besänftigung von ihr auszugehen. Sie verströmte Gleichmut, der Alkohol begann zu wirken, die Zeit verstrich, ohne sich bemerkbar zu machen. Mein Vater trank sein Bier auf dieselbe eintönige Weise wie alle anderen auch.

Nach dem letzten Schluck ließ er das Bierglas diesmal aber nicht mehr los, sondern hielt es fest mit den Händen umschlossen, damit es ihm nicht wieder weggenommen würde. Tatsächlich erschien schon kurz darauf die Kellnerin, wollte das leere Glas abräumen und durch ein volles ersetzen. Er klammerte sich jedoch förmlich an sein Glas und konnte ihr verständlich machen, dass er bezahlen wolle.

Widerwillig ließ sie ihn gewähren und gab ihm wortlos Rückgeld auf die Note, die er ihr hingestreckt hatte, ohne zu wissen, was das Bier kostete.

Dann wandte sie sich ab und begab sich wieder auf ihre Runde.

Keiner blickte ihm nach, als er vom Tisch wegging. Er verließ den Saal und durchquerte die Halle. Als er an einem Abfalleimer vorbeikam, entsorgte er den nutzlos gewordenen Stempel samt der Seife, in der er versteckt gewesen war. Er hatte so viele Mühen darauf verwendet, nun hätte der Stempel ihm gefährlich werden können.

Er trat hinaus auf den Platz.

Dort empfing ihn das Getöse der Stadt.

Weder hatte er eine Ahnung, wo er war, noch hatte er einen Plan, was nun zu tun sei.

Aber er wusste jetzt, wo er hingehen wollte.

19 In die entgegengesetzte Richtung

Von den Hockern einer Bar am Prager Flughafen hatte man freie Sicht auf den Einreisebereich. Man konnte in einen langen Gang mit steinernen Böden hineinblicken, der hinten auf eine Glasfront zulief. Durch die Scheiben war das Flugfeld zu erkennen.

Auf halber Höhe des Gangs befand sich auf der rechten Seite der Schalter mit dem Gepäck und daneben die Zollstelle, beide mit zwei Leuten besetzt, Flughafenangestellten und Zollbeamten. Wo der Gang auf die Glasfront traf, bog er in einem rechten Winkel ab nach links.

Was dahinter lag, war von der Bar aus nicht einsehbar. Aber wer schon mal in Prag gelandet war, wusste es aus der Erinnerung.

Am vorderen Ende des Gangs und mit dem Rücken zur Bar stand ein bewaffneter Polizist, offensichtlich ohne weiteren Auftrag, als die ankommenden Passagiere zu mustern. Ab und zu sprach er einen kurz an, ließ sich etwas zeigen oder erklären und winkte ihn dann durch.

Wenn die eintreffenden Fluggäste vor der Glasfront um die Ecke bogen, hatten sie die Grenzkontrolle bereits passiert und den Einreisestempel erhalten. Die dafür vorgesehenen Schalter befanden sich unmittelbar hinter dem rechten Winkel und waren ebenfalls mit zwei Beamten besetzt.

Noch weiter hinten war die Ankunftshalle mit den Flugsteigen.

Die Bar selbst lag in direkter Verlängerung des Gangs, leicht versetzt nach links. Man konnte aus diesem Winkel nicht nur bis hinten zur Glasfront sehen, sondern auch zu den Schaltern für das Gepäck und den Zoll. Der Polizist ließ sich sogar aus nächster Nähe studieren.

Die Bar befand sich im allgemein zugänglichen Bereich, ein Ort für Leute, die warten mussten, bis sie ihre Ankömmlinge in

Empfang nehmen konnten. So fiel nicht weiter auf, wenn dort einer längere Zeit saß und immerzu auf den Einreisebereich blickte.

Es herrschte ein überschaubarer Betrieb. Nur wenige Maschinen kamen an, zumal aus dem Westen. Die Beamten mussten bloß ein- bis zweimal pro Stunde neue Passagiere abfertigen. Dazwischen blieb Zeit, um sich zurückzuziehen, in ein Büro vorne rechts neben dem Gang, während einer für alle die Gesamtaufsicht übernahm.

Immer schön abwechselnd.

Die Intervalle zwischen der Ankunft von zwei Flugzeugen waren unterschiedlich lang, doch wiederholten sie sich in schöner Regelmäßigkeit. Die Abfertigung der eintreffenden Passagiere dauerte in der Regel zwanzig bis dreißig Minuten – manchmal ein wenig kürzer, manchmal ein wenig länger, je nach Größe der Maschine und ihrer Auslastung.

Hinten an den Schaltern für die Grenzkontrolle bildete sich eine Schlange, die oft bis in die Ankunftshalle zurück reichte. Es war aber der einzige Ort, an dem man bei der Einreise warten musste.

Hatten die Passagiere diese Schalter einmal hinter sich, kamen sie einzeln oder zu zweit oder in kleinen Gruppen nach vorn, um beim Gepäck und Zoll relativ flüssig abgefertigt zu werden. Dort staute es sich nur, wenn ein Problem auftrat.

Dass wieder eine Maschine gelandet war, konnte man von der Bar aus manchmal hinten durch die Glasfront erkennen. Immer merkte man es aber daran, dass zuerst die Grenzpolizisten das Büro vorne rechts verließen, um sich den Gang hinunter und um die Ecke zu ihren Schaltern zu begeben. Sie hatten den weitesten Weg und mussten die eintreffenden Fluggäste als Erste in Empfang nehmen. Kurz darauf folgten die Angestellten und Beamten, die mit der Gepäckausgabe und der Zollabfertigung betraut waren. Als Letzter bezog auch der Polizist wieder seine Stellung.

Dass die Abfertigung sich ihrem Ende näherte, merkte man daran, dass die Grenzpolizisten hinter den letzten Passagieren um die Ecke kamen und an den Leuten bei den Gepäck- und Zollschaltern vorbei in ihr Büro gingen. Ihnen folgten die anderen Angestellten und Beamten, sobald sie ihre Aufgaben erledigt hatten. Als Letzter zog sich auch der Polizist zurück.

Blieb immer nur einer übrig.

Nach welchem Turnus oder welchen Absprachen ließ sich nicht feststellen. Aber es war immer nur einer, der in diesen Minuten den gesamten Einreisebereich im Auge behielt, in den Momenten zwischen Abfertigung und Ankunft von zwei Flugzeugen.

Was die anderen unterdessen in ihrem Büro taten, war von der Bar aus nicht einsehbar. Der Raum war fensterlos. Wahrscheinlich saßen sie herum und plauderten oder lasen die Zeitung oder hörten Radio oder sahen fern oder schlugen die Zeit tot.

Die Gesetzmäßigkeiten in diesen Abläufen fielen erst auf, wenn man sie eingehender studierte. Dann aber wurden sie vorhersehbar. Das einzige Problem war der eine Beamte, der zwischen der Ankunft von zwei Flugzeugen die Gesamtaufsicht hatte. Doch musste es möglich sein, ihn irgendwie abzulenken, ohne größeres Aufsehen zu erregen, am besten mit einer harmlosen Frage, die sich nicht in einem Satz beantworten ließ.

Und es musste genau zum richtigen Zeitpunkt geschehen: unmittelbar nach der Landung einer Swissair-Maschine aus Zürich und unmittelbar vor dem Aufbruch der Grenzpolizisten aus ihrem Büro.

In diesem Moment würde meine Mutter in die entgegengesetzte Richtung gehen.

20 Schnellbleiche

Als er sie am Bahnhof Prag vom Zug abholte, wusste er nicht, wie er ihr die Sache mit dem Stempel erzählen sollte, ohne sie allzu sehr in Unruhe zu versetzen. Gab es für sie überhaupt noch ein Zurück? Sie hatte alles hinter sich ausgelöscht. Er musste ihr den Notfallplan so darstellen, als ob er ihn von langer Hand vorbereitet hätte, falls es bei der Einreise Schwierigkeiten geben würde.

Doch sie wusste bereits Bescheid. Zumindest hatte sie eine Vorahnung: Auch sie hatte bei der Einreise in die ČSSR einen roten Stempel in ihren blauen DDR-Reisepass bekommen, der so gar nicht aussah wie der grüne, den er ihr in seinem Schweizer Reisepass immer wieder gezeigt hatte. »Das ist der, den ich fälschen muss!« Es konnte allerdings auch sein, dass auf dem Landweg zwischen sozialistischen Staaten andere Stempel verwendet wurden als an einem Flughafen, wo Reisende aus dem Westen ankamen.

An diese Hoffnung hatte sie sich auf der ganzen Zugfahrt von der Grenze bis nach Prag geklammert.

*

Ein fabrikartiges Schloss vorwiegend aus rotem Backstein, furchterregend groß und weithin sichtbar, umschlossen von einer meterhohen Mauer, die oben mit Glasscherben bestückt war, errichtet an einem Ort, wo im Mittelalter eine Grenzfeste gestanden hatte: Hoheneck, das berüchtigte Frauenzuchthaus der DDR, in Stollberg im Erzgebirge, auf halber Strecke zwischen Karl-Marx-Stadt und Zwickau.

Gescheiterte Republikflüchtige waren politische Gefangene, doch spielte das für ihren Haftalltag kaum eine Rolle. In Hoheneck wurden keine Unterschiede zwischen den Insassinnen gemacht. In einer perfiden Durchmischung lebten gescheiterte Republikflüchtige mit Schwerverbrecherinnen, darunter Mörderinnen, auf engstem Raum, in völlig überfüllten Zellen und unter miserablen hygienischen Verhältnissen, die keinerlei Intimität zuließen, den Übergriffen der Kriminellen ebenso wehrlos ausgeliefert wie der Willkür des Wachpersonals, der sogenannten »Wachteln« mit ihren sadistischen Methoden wie Dunkelarrest oder Wasserzelle. Vermutlich würde meine Mutter im Schichtbetrieb billige Bettwäsche nähen müssen für die Versandhäuser in der Bundesrepublik.

*

Sie fielen sich am Bahnsteig in die Arme, doch war für ein richtiges Wiedersehen die Unruhe bei beiden zu groß. Er musste ihr sofort schildern, was er von der Bar aus beobachtet hatte, schon auf dem Weg ins nächste Café.

Dort nahm er ein Blatt Papier und zeichnete einen Grundriss des Einreisebereichs am Flughafen.

»Da ist der Gang ... hier biegt er um die Ecke ... da sind die Schalter für die Grenzkontrolle ... von da hinten kommen sie ...«

»Und ich?«

»Du gehst da lang, während ich den hier ...«

»Und was ist, wenn er ...?«

»Das wird er nicht.«

Mein Vater hatte eine Unterkunft gebucht in einem Studentenwohnheim in Strahov, am linken Ufer der Moldau und etwas außerhalb der Innenstadt gelegen, auf einer Anhöhe in der Nähe des Strahov-Stadions, der größten Arena der Welt, die zu sozialistischen Zeiten häufig für gigantische Turnveranstaltungen genutzt wurde und mehr als 200 000 Zuschauer fassen konnte. In den Sommermonaten stand das Studentenwohnheim leer und wurde an Touristen vermietet.

Als sie in ihrem Zimmer eintrafen, war doch noch Zeit für ein Wiedersehen. Dann packte er aus, was er ihr aus Zürich mitgebracht hatte:

- Kleider und Wäsche von Grieder, dem eleganten Damen- und Herrenmodegeschäft im Peterhof am Paradeplatz
- West-Etiketten, die er von Freundinnen in Zürich bekommen hatte und die sie umgehend in ihre Ostkleider einnähen musste
- Toilettenartikel
- Schweizer Kleiderbügel, die er in seinem Schrank gefunden hatte
- eine Reisetasche
- die aktuelle Ausgabe des SPIEGEL, die ganz oben in der Tasche liegen sollte oder bei Bedarf auch unter dem Arm getragen werden konnte
- einen echten Schweizer Pass.

Sie probierte die Kleider an und packte Koffer und Tasche. Ihre Zeugnisse nähten sie ins Futter seines Sakkos ein.

Danach ein abendlicher Spaziergang durch Strahov. Ein unwirtliches, weitläufiges Gelände mit sechsstöckigen, kasernenartigen Plattenbauten, im Hintergrund das schwarze Schweigen des Stadions und weitere Sportanlagen, einige Lokale und ein Park, in dem man sich die Beine vertreten konnte.

Sie gingen herum und redeten nicht viel. Möglichst nicht über das, was ihnen bevorstand. Es war auch alles besprochen, soweit es sich vorhersehen ließ. Und über anderes konnte man jetzt nicht richtig reden.

Sie wollten bloß zusammen sein und sich ein wenig zerstreuen.

Bis sie sich verlaufen hatten und nicht mehr wussten, wie sie ins Wohnheim zurückfinden sollten.

Zwei junge Männer kamen ihnen entgegen, wahrscheinlich Studenten.

»Entschuldigung, wir haben uns verlaufen. Können Sie uns helfen?«

Die beiden blieben stehen, verstanden aber nicht.

Also versuchte es meine Mutter:

»Извините, вы можете нам помочь?«

Sie gaben keine Antwort.

»Sorry, we are lost here. Can you help?«

»Of course we can! What are you looking for?«

21 Zurück und hinein

Am anderen Morgen im Taxi zum Flughafen. Die Maschine aus Zürich sollte um 9:15 Uhr landen. Sie waren früh aufgebrochen und mussten sich vor Ort noch ein wenig Zeit um die Ohren schlagen. Während sie an einer Bar unweit des Einreisebereichs einen Kaffee tranken, beobachteten sie die Anzeigetafeln mit den Informationen über die ankommenden Flugzeuge, um auf keinen Fall den richtigen Zeitpunkt zu verpassen, den magischen Moment zwischen Ankunft und Aufbruch. Aus einigem Abstand sahen sie hinüber. Es schien ruhig zu sein, nur einer stand gelangweilt herum und hatte Aufsicht. Mein Vater kannte ihn schon vom Sehen, es war ihm jedoch nichts Besonderes an ihm aufgefallen. Ob das eher günstig oder ungünstig war, konnte er nicht beurteilen. Meine Mutter nahm noch einen letzten Schluck aus ihrer Tasse. Sie sahen aus wie ein Paar, das jemanden vom Flughafen abholt.

Dann endlich die Anzeige: Die Maschine war gelandet. Mein Vater blieb noch einige Augenblicke sitzen und winkte dann dem Kellner, bezahlte und stand auf. »Du siehst dann ja …« Und machte sich auf den Weg. Der Aufsichtsbeamte hatte in Richtung des Flugfeldes geblickt und bemerkte ihn erst, als er schon fast vor ihm stand. Er wollte nicht aufgeregt wirken und sprach ihn ruhig an: »Entschuldigen Sie bitte, ich …« Der Beamte war überrascht, aber freundlich, schien jedoch nicht zu verstehen. Tschechisch konnte mein Vater nicht, auch kein Russisch. Also Englisch. Aber auch das war nicht einfach. Man musste sich erst finden, irgendwo in der Mitte der Sprachen, doch man hatte ja Zeit, der Beamte hatte sonst eigentlich nichts zu tun. Dabei ging es um eine Kleinigkeit: Mein Vater hatte bei seiner Ankunft den Schirm verloren. Er konnte auch genau beschreiben, wie er aussah. Der Beamte wusste zwar auf Anhieb nicht, an wen man sich da wenden könne, nahm sich aber des Problems an und dachte nach.

... jetzt hat er ihn und ich kann los ... links vorbei, rechts ist der Aufenthaltsraum ... ganz unauffällig, weil ganz selbstverständlich ... einfach vorbei ... hat er mich gesehen? ... ich kann mich schlecht nach ihm umdrehen ... offenbar nicht ... jedenfalls höre ich nichts ... also weiter ... nicht zu laut auftreten, sonst hört man die Schritte auf den Steinen ... zu den Bildern, die gegenüber der Zollstelle an der Wand hängen ... Fotografien mit den Sehenswürdigkeiten von Prag ... soll ich vor einer stehen bleiben oder eine nach der andern anschauen? ... vielleicht besser eine nach der andern, das wirkt ungezwungener ... und ich gelange weiter hinein ... wann kommen die endlich? ... sie müssten doch gleich da sein ... bald kommen sicher auch schon die Grenzpolizisten in meinem Rücken ... jetzt um die Ecke? ... da sollte keiner sein, aber ich war da noch nie ... noch kurz ein paar Fotos anschauen und dann abbiegen ...

... Stimmen ... von ferne ... das müssen sie sein ... jetzt um die Ecke ... hier sind die Schalter für die Grenzkontrolle ... davor eine Stange, damit sich die Leute geordnet anstellen ... da hinten kommen sie ... sonst niemand da ... also weiter ihnen entgegen ... sie sind noch in der Ankunftshalle, die Ersten schon ziemlich weit vorne ... an ihnen vorbei und mich dann unter die Leute mischen ... vielleicht werden sie sich wundern, vielleicht werden sie mich auch gar nicht richtig bemerken ... notfalls muss ich ein wenig Theater machen, ich hätte mich hier verirrt ... die Vorderen scheinen es eilig zu haben ... nur einer hat mich angeschaut, aber nicht weiter beachtet ... da hinten sind die Leute enger beieinander, da geht es einfacher ... einfach unter sie ... einen etwas verwirrten Eindruck machen und in ihre Richtung umschwenken ... so ... und mitgehen ... wieder zurück und dann hinein ...

vorne hat sich bereits eine Schlange gebildet ... ich muss mich einreihen ... links oder rechts? ... Wollen Sie vor? ... Sehr nett, vielen Dank ... er scheint mir die Aufregung angemerkt zu haben und war sehr zuvorkommend ...

... warten ... ich weiß ja, dass sie Fragen stellen, aber muss das so lange gehen? ... der vor mir scheint geschäftlich unterwegs zu sein, die neben mir in der anderen Schlange blickt vor sich hin und sieht mich gar nicht ... der Mann am Schalter so grimmig wie die meisten Grenzpolizisten ... vor mir noch eine Menge Leute ... bei einigen geht es schnell, ohne größere Fragerei, bei anderen dauert es länger ... jetzt noch etwa fünf ... bald bin ich dran ... noch vier ... noch drei ... wieso geht es bei dem so lange? ... noch zwei ... gleich ... nur noch der Geschäftsmann, bei dem wird es ja wohl ...

... und jetzt den Pass geben, dort aufgeschlagen, wo das Visum drin ist ... der Beamte blättert im Pass und schaut mich kurz an, um mein Gesicht mit dem Foto zu vergleichen ... Geschäftlich oder privat? ... Privat ... Zum ersten Mal in Prag? ... Ja ... In welchem Hotel? ... In Strahov ... Strahov? ... Im Studentenwohnheim, das ist am billigsten ... der Beamte wundert sich ein wenig ... Und Sie fliegen zurück am? ... Samstag ... Ich bräuchte noch ein Passfoto von Ihnen, für diese Karte hier ... Wofür brauche ich die? ... Die benötigen Sie bei der Ausreise ... Haben Sie eines?

... jetzt müsste sie dann langsam kommen ... die Ersten haben bereits ihr Gepäck und sind durch den Zoll ... hinten werden es immer mehr, aber sie ist nicht darunter ... scheint alles wie gewohnt abzulaufen, keine Verzögerungen, keine besonderen Vorkommnisse ... ich muss aufpassen, dass ich nicht allzu nahe rangehe, sonst fragt sich der von vorhin noch, wieso ich mich plötzlich nicht mehr für mein Problem interessiere ... aber er hat jetzt auch anderes zu tun ... hoffentlich kenne ich keinen unter den Passagieren, das könnte ich am allerwenigsten brauchen, dass hier einer freudestrahlend auf mich zukommt: Was machst du denn hier? ... wenn es nur nicht ... da ist sie! ... wieso so aufgeregt? ... aber sie strahlt ... nicht so schnell, sonst fällst du auf ... sie geht einfach am Zollschalter vorbei und eilt auf mich zu ... Ich habe ihn! ... sie winkt mit dem Pass ...

... Sehr gut ... Es hat alles geklappt, ich bin so erleichtert! ... Ja, aber du brauchst noch den Gepäckstempel ... Den Gepäckstempel? ... Du kannst ja nicht ohne Gepäck reisen ... Davon hast du nie etwas gesagt ... Den haben sie ebenfalls neu eingeführt ... Und wo kriege ich den? ... Du musst noch einmal hinein ... Nein! ... Es muss sein ... Bis nach hinten? ... Da vorne, beim Zoll, wo die Leute sind, du bist einfach daran vorbei ... Es hat mich keiner aufgehalten ... Du musst nur kurz zurück, ihnen deine Tasche zeigen und dir den Stempel geben lassen ...

... also noch einmal zurück ... wieder unter die Leute und sich anstellen ... warten ... ruhig bleiben ... Tasche zeigen ... er stellt keine Fragen und schaut nur flüchtig hinein ... nichts Auffälliges, alles Westware ... er macht den Stempel und nickt mir zu ...

*

»Sind Sie das Fräulein aus Zürich?«

Der ältere Herr war zielstrebig auf sie zugekommen, kaum dass er sie erblickt hatte, als sei er sich seiner Sache ganz sicher, und stellte sich ihnen in den Weg.

Sie wollten gerade das Flughafengebäude verlassen und waren schon fast beim Ausgang angelangt, beide noch ungläubig darüber, was soeben geschehen war.

Der ältere Herr sprach akzentfrei Deutsch und machte einen sehr gepflegten Eindruck. Er trug einen dunklen Anzug, Weste und Hut und blickte meine Mutter freudig an.

»Ja, ich komme aus Zürich.«

»Frau Amrein?«

»Nein.«

»Nein?«

»Das muss eine Verwechslung sein.«

Der ältere Herr wunderte sich.

»Ich soll eine junge Frau aus Zürich abholen und habe nur ein Foto von ihr gesehen. Darauf sah sie Ihnen sehr ähnlich.«

»Ich werde hier von niemandem erwartet.«

Der ältere Herr blickte fragend zu meinem Vater, der schweigend daneben stand.

Er hielt einen Augenblick inne und wirkte unschlüssig.

Meinen Eltern kam der Augenblick wie eine Ewigkeit vor.

»Dann scheint es sich tatsächlich um eine Verwechslung zu handeln. Ich bitte um Entschuldigung.«

Er lächelte freundlich.

»Genießen Sie Ihren Aufenthalt in Prag.«

Damit gab er den Weg wieder frei und wandte sich ab, ohne sich noch einmal umzusehen.

Vom 11. bis zum 30. Juli 1966 fand in England die Endrunde der Fußball-Weltmeisterschaft statt. Sie begann mit einem torlosen Unentschieden zwischen England und Uruguay und endete mit dem Titelgewinn des Gastgebers im Finale gegen Deutschland – einem Finale, in dessen Nachspielzeit das legendäre »Wembley-Tor« fiel, gegeben von einem Schweizer Schiedsrichter nach Rücksprache mit seinem sowjetischen Linienrichter.

Mitte Juli befand sich das Turnier noch in der Gruppenphase. Unter anderem siegten in den ersten Vorrundenspielen die Sowjetunion gegen Nordkorea im Ayresome Park in Middlesbrough mit 3:0 und Italien gegen Chile im Roker Park in Sunderland mit 2:0.

Die Tschechoslowakei hatte sich nicht für die Endrunde qualifiziert, nachdem sie vier Jahre zuvor in Chile bis ins Finale gegen Brasilien gekommen war. Trotzdem war das Interesse in der Hauptstadt an jeder Ecke spürbar.

22 Tage im Blitz

Sie hatten gut zwei Tage Zeit. Nur: Zeit wofür? Um sich die Stadt anzuschauen? Sich im Studentenwohnheim zu verstecken? Sich aneinander zu freuen? Sich gegenseitig nervös zu machen? Jedenfalls Zeit, die man irgendwie hinter sich bringen musste.

Sie hatten nie darüber nachgedacht, beide nicht, es war mit keinem Wort davon die Rede gewesen. Es gab weder Pläne noch Ideen, es hatte immer nur die zwei Zeitpunkte der gefälschten Einreise und der gemeinsamen Ausreise gegeben.

Dazwischen nichts.

Tote Zeit.

Und zugleich eine übervolle Zeit, gefüllt mit den Eindrücken einer übersteigerten Aufmerksamkeit, die jede Regung wahrnahm und jedes Erlebnis einbrannte.

Was tun? Nichts tun? Ohne sich lange zu verständigen, beschlossen sie zu tun, was man in dieser Lage wohl tat: nichts Besonderes.

Sie schlenderten durch die Straßen, gingen den Fluss entlang, saßen am Ufer, tranken Kaffee, blieben vor Schaufenstern stehen, betraten Geschäfte, besichtigten eine Kirche, spazierten durch einen Park.

Schweizer Touristen im sommerlichen Prag.

»Was war das?«

Meine Mutter war zusammengezuckt und schaute meinen Vater entsetzt an. Auch er hatte es bemerkt und war erschrocken.

»Ich weiß nicht. Ein Blitz.«

Es war früher Nachmittag, sie saßen in einem Restaurant in der Prager Innenstadt, an einem Zweiertisch in einer Ecke einander gegenüber. Soeben hatten sie ihr Essen bekommen.

»Von wo?«

Er hatte von seinem Platz aus die bessere Übersicht über das Lokal und blickte sich um.

Der dort drüben vielleicht, im karierten Sakko? Oder der dort im hellgrauen Hemd? Oder die in der blauen Bluse?

»Ich weiß nicht, woher der Blitz kam.«

»Fotografiert hier einer?«

»Ich sehe nirgends eine Kamera. Es schaut auch niemand zu uns herüber.«

»Aber es hat doch geblitzt! Es hat mich richtig geblendet.«

Sie sprach mit unterdrückter Stimme, die ihre Unruhe kaum verbergen konnte.

»Ich habe es auch gesehen.«

Wieder sah er sich um, während sie sich nicht getraute, sich umzudrehen und sich ebenfalls umzuschauen.

»Aber es muss nichts heißen.«

»Sie könnten hinter uns her sein und abwarten, bis sie Beweise in der Hand haben.«

Damit musste man zumindest rechnen.

»Vielleicht hat auch nur einer den Film gewechselt und dabei ist ihm das Blitzlicht losgegangen.«

Das überzeugte sie wenig. Auch er glaubte nicht wirklich daran.

»Braucht man um diese Tageszeit überhaupt einen Blitz?«

»Lass uns so schnell wie möglich von hier wegkommen.«

»Das Essen können wir nicht einfach stehen lassen.«

Also schlangen sie es hinunter, die Köpfe über die Teller gebeugt und gleichzeitig das Lokal im Auge behaltend.

Kaum waren sie fertig, bezahlten sie und standen auf.

Beim Hinausgehen ein letzter flüchtiger Blick durch das Lokal.

Keine Auffälligkeiten.

Aber auch das musste nichts heißen.

Eine Aufgabe hatten sie noch zu erledigen in den Tagen von Prag: Am zweiten Abend, als es dunkel war, machten sie erneut einen Spaziergang durch Strahov. Hinter dem Stadion und den Sportanlagen gab es kleinere bewaldete Gebiete. Dort gingen sie hinein und so weit, bis sie an einem abgelegenen Ort waren.

Sie nahm ihren DDR-Pass hervor, schaute ihn ein letztes Mal an und blätterte ihn durch, um sich anhand der Stempel noch einmal ihre Vergangenheit in Erinnerung zu rufen. Sie hatte nicht viel reisen dürfen.

Dann hielten sie ein Zündhölzchen daran und sahen zu, wie der Pass langsam verbrannte.

Die Überreste verteilten sie mit den Schuhen am Boden.

Von dem Moment an besaß sie den eigenen Namen nicht mehr.

Vernichtung liegt vor, wenn der Erklärungsinhalt oder der Aussteller nicht mehr erkennbar sind. Eine Vernichtung der stofflichen Substanz als Träger der Erklärung ist möglich, aber nicht erforderlich.

»Birgit!«

»Holger. Hallo.«

»Du hier? Was für eine Überraschung!«

Was musste ausgerechnet der hier mitten in der Fußgängerzone ...?!

»Ja, wirklich eine Überraschung.«

Er schien sich über die unverhoffte Begegnung zu freuen, und auch sie gab sich Mühe, diesen Eindruck zu erwecken.

»Im Urlaub?«

»Bloß ein Wochenende. Und du?«

»Ich besuche einen Freund, der hier lebt.«

Es war ihr unangenehm, aber sie kam nicht umhin, ihren Begleiter vorzustellen.

»Das ist Urs, ein Freund von mir.«

»Freut mich.«

Mein Vater gab Holger die Hand und sagte nur »Hallo«, um sich durch seinen Schweizer Akzent nicht zu verraten.

»Holger und ich kennen uns vom Studium. Wir haben zusammen Seminare in Kunsterziehung besucht.«

Mein Vater nickte bloß.

»Hattest du Schwierigkeiten, die Reiseerlaubnis zu bekommen?«

»Das ging eigentlich ganz problemlos, ich hatte eine Adresse, die ich angeben konnte. Und bei dir?«

»Bei mir auch kein Problem. Ich hatte eine Einladung meines Freundes.«

Wieso fragte er danach?

Das Gespräch kam ins Stocken. Wie fortfahren? Wie rauskommen?

»Habt ihr Lust auf einen Kaffee?«

Bloß nicht!

»Ich weiß nicht. Was meinst du?«

Mein Vater wusste auch nur, dass er nicht wollte.

»Wir wollten noch ins Museum, ich glaube, es hat nicht mehr lange auf.«

»Vielleicht sollten wir uns besser beeilen, sonst haben wir keine Zeit mehr, um uns in Ruhe die Bilder anzuschauen.«

»Welches Museum denn?«

Sie zögerte nur kurz.

»Nationalgalerie.«

»Schade, dort war ich schon, sonst wäre ich mitgekommen.«

»Na dann …«

»Na dann …«

Sie standen sich gegenüber und wussten nicht, ob sie das Gespräch nun beenden oder noch ein neues Thema anschneiden sollten.

»Wann fährst du zurück?«
»Am Samstagnachmittag.«
»Ich erst am Mittwoch.«
Sie schwieg, es entstand eine Pause.
»Wir sehen uns in Dresden.«
»Genau.«
»Macht's gut!«

23 In Polizeigewahrsam

Auf meiner Reise nach Prag im Sommer 1993 kehrte ich über Eisenach, Erfurt und Weimar auch nach Chemnitz zurück, wie Karl-Marx-Stadt inzwischen wieder hieß. Ich versuchte mich in der Stadt zu orientieren und hielt Ausschau nach dem Kopf, konnte ihn aber nirgends finden.

Zwei ältere Frauen kamen mir auf der Straße entgegen, und in meiner Verlorenheit sprach ich sie an:

»Sagen Sie mal, gibt's den Nischel noch?«

Mag sein, dass die Frage ungeschickt gestellt war, aber die Schroffheit der Antwort erstaunte mich dann doch:

»Ja, warum sollte es den denn nicht mehr geben?«

Empört wandten sie sich ab, ohne mir zu sagen, wo ich ihn finde.

In Dresden konnte ich mir knapp ein Bier leisten, weil man offenbar dachte, im Kapitalismus könne man alles verlangen. Ein Hotelzimmer war für mich zu teuer, also verbrachte ich die Nacht im Park, schlafend und spazierend. Die Tochter der Freundin meiner Mutter war auch nicht zu erreichen, sonst hätte ich vielleicht bei ihr Unterschlupf finden können.

Als ich endlich in Prag eintraf und meine Freundin wiedersah, sagte sie mir, dass ich leider nicht bei ihr übernachten dürfe. Die Gastfamilie wolle das nicht, da könne sie nichts tun, was ich auch verstand. Also suchte ich eine andere Unterkunft und fand sie in einer ausgedienten russischen Militärkaserne, die notdürftig zu einer Art Hotel umgebaut worden war. Die Zimmer waren eigentlich Zellen. Eine Pritsche, ein Stuhl, ein Waschbecken, Dusche und Toilette auf dem Gang.

Am Tag nach der Ankunft fuhr ich sofort zum Flughafen, in der Hoffnung, vielleicht noch etwas von den Schauplätzen knapp dreißig Jahre zuvor zu Gesicht zu bekommen. Über die Geschichte des Flughafens Prag wusste ich damals noch nichts.

Ich betrat das Flughafengebäude, schaute mich um und merkte bald, dass hier nichts mehr so war, wie es früher gewesen sein musste. Eine völlig andere Aufteilung und Ausgestaltung der Räume.

Ich wollte aber nicht gleich aufgeben und ging weiter in Richtung des Bereichs, wo die ankommenden Passagiere eintrafen. Dort würde es ja erst interessant werden für mich. Ich schlängelte mich durch alle Abschrankungen und gelangte hinein, doch gab es auch da nichts zu sehen, was mir weitergeholfen hätte.

Ich beschloss, das Unternehmen abzubrechen und in die Stadt zurückzukehren. Als ich hinausgehen wollte, stellte sich mir ein Flughafenpolizist in den Weg und wollte mein Ticket und meine Papiere sehen.

Mein Problem war, dass ich weder noch vorweisen konnte. Ein Einreiseticket hatte ich nicht, weil ich ja aus der Stadt gekommen war, und mein Pass lag in einem Zimmer in einer ehemaligen russischen Militärkaserne.

Ich versuchte, es dem Flughafenpolizisten zu erklären, doch gab er sich damit nicht zufrieden und holte seinen Vorgesetzten, der auch umgehend erschien und mich ins Verhör nahm.

Wer ich sei und woher ich komme und was ich hier suche und wie ich genau hereingelangt sei.

Letzteres wusste ich nicht mehr so genau und konnte es ihm nicht sagen. Ich hätte mich bloß ein wenig umsehen wollen und sei dann plötzlich hier gewesen.

Das glaubte er mir nicht und befahl, ihm zu zeigen, welchen Weg ich gegangen sei.

Zur Verstärkung rief er drei Leute hinzu, und so lief ich mit fünf Flughafenpolizisten im Schlepptau durch das Gebäude und versuchte mich krampfhaft zu erinnern, wie ich hereingekommen war. Aber ich wusste es beim besten Willen nicht mehr.

Wir hatten ein Problem: Entweder war ich ein Lügner, und dann musste man sich fragen, was ich im Schilde führte, oder ich sagte die Wahrheit, und dann musste man sich fragen, ob es irgendwo eine Sicherheitslücke gab, die noch nicht erkannt war.

Sie brachten mich in ein Büro und teilten mir mit, dass ich festgesetzt sei und den Raum bis auf Weiteres nicht verlassen dürfe.

Dann zogen sie sich zurück.

Plötzlich erschien ein noch Ranghöherer, setzte sich zu mir und stellte dieselben Fragen, die ich schon mehrfach beantwortet hatte. Er sprach sanfter und ruhiger, aber zugleich bestimmter als die anderen und wollte vor allem wissen, wieso ich mich ausgerechnet für dieses Flughafengebäude so interessierte.

»Dafür muss es doch einen Grund geben.«

Ich antwortete erst ausweichend, sah aber bald ein, dass ich bei ihm damit nicht durchkam.

Schließlich erzählte ich ihm die ganze Geschichte.

Als ich geendet hatte, schaute er mich an und dachte nach. Dann stand er auf und ging hinaus.

Kurz darauf kam ein anderer herein und sagte, ich könne gehen.

Ich fuhr zurück in die Stadt und traf meine Freundin. Als ich ihr von den Problemen am Flughafen erzählte, schüttelte sie lachend den Kopf und sagte: »Das wäre deinem Vater nicht passiert.«

Roker Park, Sunderland, 16. Juli 1966, 15 Uhr Ortszeit (16 Uhr MEZ): In der Gruppenphase der Fußball-Weltmeisterschaft in England (Gruppe 4) spielt die Sowjetunion gegen Italien und gewinnt mit 1:0 (0:0). Den entscheidenden Treffer erzielt Igor Chislenko in der 57. Minute mit einem satten Linksschuss von der halbrechten Strafraumgrenze in die obere linke Torecke.

27 793 Zuschauer verfolgen das Spiel im Stadion und Millionen an den Bildschirmen und Radios in aller Welt, auch am Flughafen Prag, wo man sich für das Abschneiden der Sowjets besonders interessiert und auf Italien hofft.

24 Durch das Spalier

SR 471 ging am späten Nachmittag, kurz nach 17 Uhr. Die Sonne stand noch immer hoch am Himmel, das sommerliche Licht fiel durch die Glasfassaden der Abfertigungshalle. Der Flughafen war gut besucht, es herrschte der übliche Wochenendbetrieb. Anders als sonst hörte man aber aus allen Ecken die aufgeregte Stimme eines Sportreporters.

Sie hatten das Einchecken, die Grenz- und die Sicherheitskontrolle bereits hinter sich. Es waren keinerlei Probleme aufgetreten. Es konnte ja eigentlich auch keine Probleme mehr geben: Sie hatte den richtigen Pass mit dem richtigen Stempel und dem richtigen Foto.

Sie saßen beim Gate unter den anderen Passagieren und warteten darauf, ins Flugzeug einsteigen zu können. Überraschenderweise wurde um sie herum aber weder Tschechisch noch Schweizerdeutsch gesprochen, sondern Sächsisch.

Ihr war es sofort aufgefallen, sie hatte nur nichts gesagt, ihm erst ein wenig später.

Zwischen der Sowjetunion und Italien stand es weiterhin 0:0. Es war Pause. Beide Mannschaften hatten ihre ersten Vorrundenspiele gewonnen und wollten unbedingt den Sieg im zweiten Spiel, um sich frühzeitig für die Finalrunde zu qualifizieren, nachdem Nordkorea und Chile sich tags zuvor unentschieden getrennt hatten. Die erste Halbzeit war jedoch enttäuschend ereignisarm verlaufen. Die beiden Teams schienen großen Respekt voreinander zu haben und wollten keine Risiken eingehen.

Überall standen Fernseher herum, auf denen das Spiel lief, so aufgestellt, dass man aus den verschiedensten Blickwinkeln gut zuschauen konnte. Die Flughafenangestellten und Grenzbeamten hatten immer ein Auge darauf, auch wenn ihnen an Spannung und Spielfreude zunächst nicht viel geboten wurde. Sie interessierten sich dennoch mehr für die Pässe von Fußballern als von Reisenden.

Der Beamte hatte nur kurz hineingeblickt, als meine Mutter ihm den Pass hingestreckt hatte. Direkt gegenüber von seinem Schalter befand sich ein Fernsehapparat.

Der Einsteigevorgang verzögerte sich, die Maschine aus Zürich war wohl etwas verspätet eingetroffen.

Meine Mutter war unruhig geworden, als sie den vertrauten Dialekt um sich herum vernahm.

Hoffentlich kannte sie keinen von denen! Wer waren die überhaupt?

Meinen Vater schien dieselbe Frage umzutreiben, wenn auch aus anderen Gründen, eher aus Neugier und um die Wartezeit zu verkürzen.

Also sprach er den an, der ihm am nächsten saß, und fragte ihn, wer sie seien und was sie vorhätten.

Sie seien Musiker und über Zürich und Lissabon unterwegs nach Santiago de Chile, wo sie auf Einladung der dortigen Universität drei Konzerte geben würden.

Woher sie kämen?

Aus Leipzig.

»Leipzig? Und Sie dürfen ausreisen?«

Das Bach-Orchester des Gewandhauses zu Leipzig brach Mitte Juli 1966 zu seiner ersten Südamerika-Tournee auf. Sie sollte knapp drei Wochen dauern und das Orchester nach Chile, Argentinien, Uruguay und Brasilien führen: für Konzerte in Santiago de Chile, in Buenos Aires, Rosario und La Plata, in Montevideo und in São Paulo und Rio de Janeiro. Im Gepäck hatte das Ensemble aus zwei Dutzend Musikern drei geschlossene Programme mit Werken von Johann Sebastian Bach, Wolfgang Amadeus Mozart und Joseph Haydn.

Das Bach-Orchester, ein 1963 gegründetes Kammerorchester, bestand aus Mitgliedern des Gewandhausorchesters. Es feierte mit seinen Auftritten große Erfolge und diente der DDR als kulturelles Aushängeschild, dem Reisen durch den Eisernen Vorhang genehmigt wurden – in die BRD, nach Skandinavien und nach Griechenland, nach Tunesien und nun auch nach Übersee.

Ein Privileg, das wiederum innerhalb des gesamten Gewandhausorchesters für erhebliche Unstimmigkeiten sorgte.

Für meine Mutter ging die Unterhaltung entschieden in die falsche Richtung. Sie konnte jedoch nicht eingreifen, ohne sich durch ihren Akzent zu verraten. Also mischte sie sich nicht ein und sagte kein Wort.

Es kam ihr aber in den Sinn, mal mit einem angehenden Musiker bekannt gewesen zu sein. Wie es bei ihm beruflich weitergegangen war, wusste sie nicht. Dass sie irgendwo gehört hatte, er sei beim Gewandhausorchester gelandet, bildete sie sich bestimmt nur ein.

In der zweiten Halbzeit drehten die Sowjets auf, machten Druck und gingen verdient in Führung. Nach dem Tor durch Igor Chislenko vergab Galimsjan Chussainow gleich mehrere Möglichkeiten. Die Italiener hingegen spielten zu viel in die Breite und schossen zwar einige Male scharf, aber ungenau aufs Tor.

Der Musiker hatte sich erst ein wenig gewundert über die unverblümte Frage meines Vaters, sie dann aber als das naive Interesse eines Schweizer Touristen abgetan und bereitwillig Auskunft gegeben.

So erfuhren sie, dass die Gruppe, die um sie herum saß und auf denselben Flieger wartete, zum ersten Mal auf eine so weite

Reise ging. Sie hatte aufwendiger Vorkehrungen bedurft: Alle Orchestermitglieder hatten einen amtsärztlich beglaubigten Gesundheitspass vorlegen müssen, und von allen zehn Fingern eines jeden Musikers waren die Fingerabdrücke genommen worden.

»Sie wollen uns unbedingt wiederhaben.«

In der 80. Minute wurde der sowjetische Torhüter Lew Jaschin ernsthaft geprüft, als er einen Nachschuss aus dem Gewühl heraus hielt. Für einen kurzen Moment kam am Flughafen Prag noch einmal Hoffnung auf.

Großer Erfolg des Bach-Orchesters
Prag (ADN-Korr.). Ein großartiges Musikerlebnis war das Konzert des Leipziger Bach-Orchesters des Gewandhauses in der St.-Niklas-Kirche in Prag. Zu den Konzertgästen gehörten die Botschafter aller sozialistischen Staaten sowie der in der ČSSR vertretenen lateinamerikanischen Länder. Ferner waren Diplomaten aus der VAR, aus Syrien, Kambodscha und zahlreichen anderen Staaten, leitende Mitarbeiter des tschechoslowakischen Kulturministeriums sowie Touristen aus Großbritannien und Frankreich erschienen. Das Bach-Orchester trat danach eine fast dreiwöchige Tournee durch Chile, Argentinien, Uruguay und Brasilien an.

Neues Deutschland, 20. Juli 1966, S. 1

CALL FOR PASSENGERS TRAVELLING TO ZURICH: YOUR FLIGHT SR 471 IS NOW READY FOR BOARDING. PLEASE PROCEED TO THE GATE.

Sie blieben noch einen Augenblick sitzen, um sich nicht vorzudrängen, und stellten sich dann in die Schlange.

Beim Gate wurden nicht nur die Tickets, sondern auch die Pässe noch einmal kontrolliert. Sie hielten beide ihre roten Schweizerpässe gut sichtbar in den Händen, um sie sofort vorweisen zu können.

Als einer der Beamten dies durch die Schlange hindurch sah, winkte er ihnen zu und bedeutete ihnen, an den anderen vorbei nach vorne zu kommen.

Was hatte er vor? Sie wollten eigentlich ganz unauffällig einsteigen wie alle anderen auch.

Sie sahen sich an und zögerten. Die umstehenden Musiker, die meisten weiter vorne in der Schlange, hatten das Zeichen ebenfalls bemerkt und schauten zu ihnen. Dann traten sie zur Seite und machten Platz.

Es blieb ihnen nichts anderes übrig, als der Aufforderung nachzukommen und durch das Orchesterspalier nach vorne zu gehen.

Dort wurden sie von dem Beamten empfangen. Er wollte ihre Tickets und Pässe sehen, blickte hinein, fand alles in Ordnung, gab sie wieder zurück und machte den Weg frei.

Sie gingen weiter zum Bus, der draußen auf die Passagiere wartete.

Dann saßen sie im Flugzeug auf ihren Plätzen.

Jetzt musste es nur noch abheben.

Endstand in Sunderland 1:0.

Vollendet ist das Verbrechen, wenn die ausgeschleuste Person sich im Ausland befindet.

25 »Im Eisernen Zeit«

»Endlich rufst du an!«

»Es ging nicht früher, entschuldige.«

»Ich habe mir schon Sorgen gemacht.«

»Du wusstest doch, dass ich unterwegs war.«

»Bist du wieder zu Hause?«

»Nein.«

Sie atmete tief durch.

»Ich bin in Zürich.«

Am anderen Ende der Leitung wurde es still.

»Mutter! Ich bin gestern Abend mit dem Flugzeug von Prag nach Zürich geflogen.«

Stille, nur ab und zu ein Rauschen.

»Nach Zürich?«

»Ich konnte es dir nicht vorher sagen, du hättest dir zu viele Sorgen gemacht. Und das wollte ich nicht.«

Sie machte eine Pause und wartete, bis vom anderen Ende etwas kam.

»Mit dem Flugzeug?«

»Ja. Es bestand keine Lebensgefahr.«

»Wie bist du denn da reingekommen?«

»Das kann ich dir doch nicht am Telefon erzählen. Wir werden bestimmt abgehört.«

Schweigen.

»Und jetzt bleibst du dort?«

»Was denkst du! Ich kann nicht zurückkommen. Sie würden mich sofort verhaften.«

»Für immer?«

»Mutter, ich kann nicht mehr zurück!«

Vom anderen Ende der Leitung kamen leise Geräusche, die nicht recht zu deuten waren.

»Aber bald kannst du hierher kommen.«

Sie hoffte, das würde sie ein wenig trösten.

»In ein paar Jahren wirst du pensioniert, dann darfst du dich frei bewegen und kannst uns besuchen. Das dauert nicht mehr lange.«

Es half nichts. Sie wussten beide, wie lange das noch dauern würde.

»Das wird schön.«

Auch das half nichts.

Sie wusste nicht mehr, was sie sagen sollte, und verstummte ebenfalls.

»Ihr hättet euch auch hier ein Leben aufbauen können.«

»Ja, aber das wollten wir nicht, beide nicht.«

»Dann wären wir zusammengeblieben.«

Wieder entstand eine Pause, diesmal eine längere.

»Weißt du …«

Sie stockte.

»… zuerst dein Vater, und jetzt du.«

Das war der Satz, vor dem sie sich am meisten gefürchtet hatte. Wenigstens klang er nicht vorwurfsvoll, aber mehr als verzweifelt. Und es gab darauf keine Antwort, nur das Gefühl der Schuld.

Bach-Orchester zurück

Berlin (ADN). Nach überragenden Erfolgen bei seiner Konzerttournee durch Lateinamerika kehrte das Bach-Orchester des Leipziger Gewandhauses unter der Leitung von Nationalpreisträger Prof. Gerhard Bosse am Freitag in die DDR zurück. Die Künstler aus Leipzig waren bei ihren 13 Auftritten in Chile, Uruguay, Argentinien und Brasilien und zuvor in Prag stürmisch gefeiert worden. Die Kritiker hoben einhellig die Weltgeltung des DDR-Orchesters hervor.

Neues Deutschland, 15. August 1966, S. 3

Zürich, im Hochsommer, zweite Julihälfte. Wenn die Häuser aufgeheizt sind und das Leben endlich den ganzen Tag und die ganze Nacht im Freien stattfindet. Wenn die Stadt für einige Wochen nahezu entvölkert ist, weil sich alle in die Berge oder in den Süden verabschiedet haben. Wenn viele Läden und Restaurants geschlossen sind, man sich aber am Wasser und auf den Wiesen tummelt.

Sie wohnten »Im Eisernen Zeit«, ihrer ersten gemeinsamen Adresse, einer zunächst steil ansteigenden und dann abflachenden, von vielen Bäumen gesäumten Quartierstraße in der Nähe des Schaffhauserplatzes, in einer Siedlung, die in den zwanziger Jahren in der Form einer Gartenstadtanlage erbaut worden war. Der Name der Straße selbst leitet sich her von einer altertümlichen Verwendung des Wortes Zeit, »das Zeit« im Sinne von »Uhr« oder »Wanduhr«. Am unteren Ende der Straße hatte ein Hausbesitzer im frühen 19. Jahrhundert zum Zeichen seines Wohlstands eine weithin sichtbare metallene Sonnenuhr an der Fassade anbringen lassen.

Nach der Landung in Kloten waren sie mit dem Bus vom Flughafen zum Hauptbahnhof gefahren. Dort beginnt die Bahnhofstrasse, breit und gerade, nur mit einem kleinen Knick in der Mitte. Die teuerste Adresse in Zürich, eine kapitalistische Flaniermeile, Schaufenster an Schaufenster, mit alteingesessenen Läden und großen Warenhäusern, mit Geschäften für Uhren und Schmuck, mit Boutiquen und Banken.

Sie gingen die Bahnhofstrasse hinunter bis zum Paradeplatz und von dort zum Bürkliplatz, wo die Stadt sich öffnet und den Blick freigibt auf den See.

26 Neue Geschichten

ER ... ja, wenn du so willst, fängt hier eine neue Geschichte an ...

DER DRITTE ... es fangen viele neue Geschichten an ...

SIE ... zum Beispiel die, plötzlich in einer vollkommen unbekannten Welt zu stehen ...

DER DRITTE ... eigentlich ohne Worte ...

SIE ... zumindest hab ich sie nicht verstanden ...

ER ... in einem völlig andersartigen System ...

DER DRITTE ... angewiesen auf jemanden, den du kaum kanntest ...

ER ... wir wussten, wie wenig wir uns kannten und dass wir deshalb ein Risiko eingingen, das war uns immer klar ...

SIE ... es gab ja auch das Risiko der Abhängigkeit, da ich Zeugnisse in der Tasche hatte, die vermutlich nichts wert waren ...

ER ... wobei ich selbst auch noch kein Auskommen hatte ...

SIE ... ich konnte aber bald Tritt fassen ...

DER DRITTE ... also auch die Geschichte der Aufnahme in dieser neuen Welt ...

SIE ... zuerst bei den Eltern ...

ER ... in der Ostschweiz, einer sehr katholischen Gegend, war es so kurz nach dem Krieg nicht einfach, aus heiterem Himmel mit einer Frau dazustehen, die erstens Deutsche war und zweitens aus dem Osten kam ...

SIE ... sie hatten ja auch nichts gewusst ...

ER ... und sich etwas anderes für mich vorgestellt ...

SIE ... eine Schweizerin aus der Region ...

ER ... es war schäbig, wie sie sich verhielten, sie haben mir die finanzielle Unterstützung gestrichen, ab sofort sollten wir auf eigenen Beinen stehen ...

SIE ... aber es ging dann schon ...

SIE *Gleich nach meiner Ankunft in der Schweiz musste ich mir neue Papiere besorgen, da ich ja meine alten Ausweise vernichtet hatte. Also bin ich mit dem gefälschten Pass über die Grenze zwischen der Schweiz und der BRD gefahren und weiter ins Aufnahmelager Gießen. Dorthin mussten alle, die aus der DDR geflohen waren und neue Ausweise benötigten.*

Als Gegenleistung hatte man genau Auskunft zu geben über die Verhältnisse im Osten. Die Verhöre führten Amerikaner, Engländer und Franzosen. In meinem Fall waren sie besonders darauf aus, alles über eine russische Militärkaserne in Dresden zu erfahren, neben der ich gewohnt hatte. Ich merkte aber bald, dass sie darüber sehr genau im Bild waren und viel mehr wussten, als ich ihnen hätte sagen können. Und je mehr man preisgab, desto mehr fragten sie nach. Um die Angelegenheit nicht allzu sehr in die Länge zu ziehen, stellte ich mich so dumm wie möglich, aber die Verhöre dauerten trotzdem lange. Auch wollten sie sehr genau wissen, wie ich in den Westen gekommen war, welchen Weg ich genommen und welche Mittel ich angewandt hatte. Wiederum stellte ich mich unwissend und sagte nur das Nötigste – mit der Begründung, ich sei an der Fluchtplanung selbst gar nicht beteiligt gewesen und wüsste über die Details nicht Bescheid, das hätte alles mein Mann gemacht.

Die Zustände im Lager waren entwürdigend. Wir durften beispielsweise nur in Begleitung hinaus. Sie gaben uns Gutscheine, mit denen wir uns in der Stadt etwas kaufen konnten. Dort achtete die Begleitung darauf, dass wir die Gutscheine nicht für unnütze Dinge verschwendeten. Offensichtlich traute man uns nicht zu, dass wir damit umgehen können. Mit mir im Zimmer war eine etwas verwirrte Frau, die, wie sie behauptete, bei einem Spaziergang durch dummen Zufall oder unendliches Glück über einen verminten Grenzabschnitt in den Westen gelangt war.

Ich verbrachte drei oder vier Tage im Lager, bis ich beim Kom-

mandanten Protest gegen dieses Festhalten einlegte und meine Entlassung forderte. Sie gaben mir daraufhin die Erlaubnis, in ein Hotel in der Stadt zu ziehen. Wenig später bekam ich die neuen Papiere und durfte wieder abreisen.

DER DRITTE ... und die Mutter in der DDR? ...

SIE ... sie wurde zum Verhör vorgeladen, mehrfach, von der Polizei und von der Kreisleitung der Schule, an der sie arbeitete. Es gab auch eine Hausdurchsuchung, von der Staatsanwaltschaft angeordnet, doch wurde nichts beschlagnahmt ...

ER ... gut, dass sie nicht eingeweiht war ...

SIE ... sie fanden trotzdem einen Weg, sich an ihr für mich zu rächen: Sie durfte die Stelle als Schulleiterin, die ihr schon versprochen war, nicht antreten ...

DER DRITTE ... an der Freundin auch? ...

SIE ... für sie war es besonders heikel. Natürlich wurde auch sie vernommen, schaffte es aber, sich nichts anmerken zu lassen. Sie zeigte sich überrascht und schien richtiggehend verärgert über den Schritt ihrer Freundin, von dem sie nichts gewusst habe ...

ER ... und dann war da noch der Dozent ...

SIE ... das war eine Dummheit von mir. Beim Verlassen des Zimmers in Dresden habe ich auf dem Tisch ein Testat liegen lassen, in dem mir mein Dozent für Marxismus-Leninismus Staatstreue bescheinigte: »Moralische Schwächen wurden nicht festgestellt.« Das Testat war erst wenige Tage zuvor eingetroffen und lag noch herum ...

ER ... der musste sich bestimmt rechtfertigen ...

Erinnerst du dich an den Typen in Dresden?

Den Journalisten?

Er hat mir einen Brief geschrieben. Meine Eltern haben ihn an mich weitergeleitet.

Was will er?

Ich weiß es nicht. Der Brief ist ziemlich lang. Über Gott und die Welt und die Literatur.

Komischer Vogel.

Der will wohl weg.

DER DRITTE ... nicht zu vergessen die Geschichten, die aus dieser Verbindung überhaupt erst hervorgegangen sind ...

ER ... du meinst die Kinder ...

DER DRITTE ... zum Beispiel ...

SIE ... das führte zu weit ...

Und der Mann, der mich für Frau Amrein hielt?

Ist mir bis heute ein Rätsel. Für mich der größte Schreckensmoment. Da dachte ich: Sie wussten längst Bescheid und schlagen nun zu.

Für mich der Blitz.

ER ... aber sicher noch die Geschichte, wie es war, eines Tages in die DDR zurückzukehren ...

SIE ... 1972 stand plötzlich in der Zeitung, die DDR habe zum 23. Jahrestag ihrer Staatsgründung sämtliche Republikflüchtige amnestiert, die vor Ende 1971 das Land verlassen hatten, als Geste des guten Willens im Vorfeld des deutsch-deutschen Grundlagenvertrags ...

ER ... straffrei gestellt und aus der Staatsbürgerschaft entlassen ...

SIE ... es war mir gar nicht bewusst, dass ich noch als Staatsbürgerin galt. Ich hatte solche Angst, wollte aber unbedingt hinfahren, um meine Leute wiederzusehen, allen voran meine Mutter und meine Freundin, die ja auch noch den dicken Umschlag für mich aufbewahrte ...

ER ... die Nachricht stand überall. Aber durfte man ihr trauen? Es konnte auch eine Falle sein ...

SIE ... wir warteten ab ...

ER ... und trafen alle möglichen Abklärungen ...

SIE ... meine Mutter erkundigte sich bei der Kriminalpolizei und der Staatsanwaltschaft in Karl-Marx-Stadt und erfuhr, es bestehe keine Gefahr, da das Ermittlungsverfahren eingestellt und der Haftbefehl aufgehoben sei ...

ER ... wir riefen bei der DDR-Handelsmission in Zürich und bei der DDR-Botschaft in Bern an, wo es hieß, wenn wir ein Visum bekämen, bedeute dies, dass nichts gegen uns vorliege ...

SIE ... beim Konsulat der BRD in Zürich war man sehr unhöflich und meinte bloß, es seien keine Fälle bekannt, wo Verhaftungen stattgefunden hätten, und wünschte uns eine gute Reise ...

ER ... das Ministerium für innerdeutsche Beziehungen bestätigte, bis jetzt halte sich die DDR an ihre Versprechen ...

SIE ... und eine Bekannte, die ebenfalls geflohen war, sagte am Telefon, sie sei bereits wieder drüben gewesen und habe keine Probleme gekriegt ...

ER ... nur das Außendepartement in Bern vermeldete, man habe keine Erfahrung mit DDR-Flüchtlingen und übernehme keinerlei Verantwortung ...

SIE ... so ließen wir einige Zeit verstreichen ...

ER ... bis wir uns halbwegs sicher waren ...

SIE ... und überquerten dann wieder die Grenze ...

ER ... diesmal mit dem Auto ...

SIE ... Grenzübergang Hirschberg bei Hof ...

ER ... taghell erleuchtet mitten in der Nacht ...

SIE ... zurück und hinein ...

ER ... aus der entgegengesetzten Richtung ...

27 Jahrestag

Großmutter hielt sich zurück, meine Mutter war dagegen, aber mein Vater ließ sich nicht abbringen: Der Fernseher wurde eingeschaltet. Wir saßen beim Frühstück, es war der Morgen des 7. Oktober 1989. Auf dem Bildschirm sah man einen Festredner. Die offiziellen Feierlichkeiten aus Anlass des vierzigsten und letzten Jahrestags der Gründung der DDR schienen bereits begonnen zu haben.

Ich war enttäuscht. Insgeheim hatte ich auf einen prunkvollen Aufzug gehofft, wie ich ihn aus der Schweiz nicht kannte, mit bunten Wimpeln und stolzen Fahnen, mit Soldaten im Stechschritt und fröhlichen Jugendlichen in meinem Alter, mit zufrieden winkenden Parteivorsitzenden oben auf der Tribüne und kraftstrotzender Militärkarawane unten auf der Prachtstraße der Republik. Stattdessen sah ich einen angestrengt aufgeräumten Redner, dessen Loblied auf die Errungenschaften des jubilierenden Staatsgebildes nur schwer zu verstehen war, da er andauernd die Silben verschluckte. Als müsse er gar nicht mehr deutlich aussprechen, was die Anwesenden eh schon wussten oder längst nicht mehr hören wollten.

Während meine Großmutter sich in die Küche verzog und meine Mutter ihr nur allzu hilfsbereit hinterhereilte, blickte mein Vater erst neugierig und bald schon gelangweilt auf den Bildschirm.

Offenbar hatte auch er sich mehr erhofft als einen nuschelnden Greis vor miefiger Kulisse.

So saßen wir einige Zeit stumm vor dem Fernseher, aber noch bevor die anderen aus der Küche zurückkehrten, hatte mein Vater zu mir gesagt:

»Lass uns in die Stadt fahren, vielleicht gibt es dort etwas.«

Das Frühstück wurde abgekürzt. Als meine Mutter wieder ins Wohnzimmer trat, waren wir bereits am Aufbrechen.

»Wir gehen in die Stadt. Wollt ihr mitkommen?«

Meine Mutter verzog das Gesicht. Nein, sie wolle nicht mitkommen, und Großmutter auch nicht.

Die erschien in der Tür und beeilte sich, uns einige Fahrkarten zuzustecken, damit wir uns darum nicht zu kümmern brauchten.

Also zogen wir zu zweit los und verließen die Wohnung meiner Großmutter, die in einem Plattenbau in einem Außenquartier von Karl-Marx-Stadt lebte, in einer kleinen Wohnung im Erdgeschoss, so klein, dass wir jeweils mächtig zusammenrücken mussten, wenn wir mit der ganzen Familie zu Besuch waren, meine Mutter, mein Vater, meine Schwester und ich. Das geschah in meiner Kindheit in der Regel einmal im Jahr, meist für ungefähr eine Woche. Dazwischen besuchte uns die Großmutter häufig in der Schweiz. Seit sie das Rentenalter erreicht hatte und als Arbeitskraft uninteressant geworden war, durfte sie ja uneingeschränkt reisen.

Wir gingen zuerst die Allee mit den großen Bäumen und den vielen herbstlichen Blättern entlang, an die ich so idyllische Erinnerungen habe, weil ich darin herumstapfen konnte, bogen dann ab in eine befahrenere, leicht ansteigende Straße, liefen über die sanfte Anhöhe und hinunter zur Haltestelle der Straßenbahn in Richtung Innenstadt.

Es waren an diesem Samstagmorgen mehr Menschen und Autos unterwegs als sonst, das war mir schon aufgefallen, kaum dass wir die Wohnung der Großmutter verlassen hatten. An der Haltestelle standen bereits etliche Leute, es kamen weitere hinzu, während wir warteten, und als die Straßenbahn endlich eintraf, war sie schon ziemlich gut gefüllt.

Stehend fuhren wir ins Zentrum.

Als mir mein Vater durch die Leute hindurch ein Zeichen gab, stiegen wir aus, an der Haltestelle, an der auch die meisten anderen ausstiegen.

Ich weiß nicht mehr, wo das genau war, aber es muss in der Nähe des Kopfes gewesen sein. Ich sah ihn zwischen den Häusern hindurchblicken. An diesem Tag war seine Miene noch strenger als sonst: Unter den Denkmalsaugen tummelten sich die Menschen in unschlüssiger Aufregung.

Wir schlenderten ziellos durch die Innenstadt, auf unseren gewohnten Wegen. Wir waren ja auch bloß hergekommen, um zu sehen, ob etwas los wäre.

Die anderen schienen ebenso wenig ein Ziel zu haben, und dennoch strömten sie alle in eine Richtung, in der sich die Menge zusehends verdichtete. Es war kein geordneter Zug, eher handelte es sich um einen vielfach sich verzweigenden und wieder zusammenfließenden, dadurch aber stetig anwachsenden Menschenstrom, der sich einen Weg suchte und dort fand, wo er sich ihm bot.

Zur Gemeinschaft wurde die fließende Menschenmenge erst, als sie gestaut wurde. Mein Vater und ich hatten uns mittreiben lassen, ohne zu wissen, wo es hinging, doch nun standen wir plötzlich an. Eine geschlossene Reihe zumeist älterer Männer in Zivil stellte sich uns in den Weg, in Lederjacken gekleidet und mit etwas albernen Helmen auf dem Kopf, in der Hand kleine Stöcke, von denen mir mein Vater später sagte, man nenne sie Totschläger.

Hinter uns befand sich die Menge noch immer im Fluss, sodass es vorne zunehmend enger wurde.

Wir hatten nicht die Absicht gehabt, uns allzu weit vorzuwagen. Mein Vater hatte mir unterwegs auch immer wieder gesagt, dass wir uns unauffällig benehmen sollten, da wir »Klassenfeinde« seien, und mich aufgefordert, ihm stets zu folgen. Völlig unvermutet befanden wir uns nun aber weit vorne, sehr weit vorne sogar. Ich konnte den Totschlägern ins Gesicht sehen. Sie zeigten keinerlei Regung, auch dann nicht, wenn sie von andern in den vordersten Reihen angesprochen wurden.

Ansonsten herrschte eine denkwürdige Zurückhaltung, weder wurden Parolen ausgegeben noch Plakate in die Höhe gehalten. Die Menge war seltsam schweigsam.

Ruhig, aber beharrlich.

Wie angespannt die Situation war, merkte ich auch daran, dass mein Vater sich nun nicht mehr darauf verließ, dass ich ihm folgte, sondern selbst achtgab, immer ganz in meiner Nähe zu sein.

Kaum hatten sich die Männer in Zivil vor uns aufgebaut, als sich hinter ihnen auch schon Polizisten und Kampfeinheiten formierten, mit besseren Helmen samt Visier ausgestattet und mit großen Schutzschilden und dicken Knüppeln bewaffnet.

Noch weiter hinten füllte sich die breite, gerade Straße mit gepanzerten Fahrzeugen in einer langen und immer länger werdenden Kolonne. Dieser gesamte Bereich schien abgesperrt zu sein, jedenfalls war er beinahe menschenleer. Nur vereinzelt standen einige Uniformierte herum.

Es vergingen endlose Minuten, in denen eigentlich gar nichts geschah. Man stand sich gegenüber, mehr nicht. Hier die ungeordnete Menge, die sich, soweit ich sehen konnte, inzwischen nicht mehr bewegte, dort die aufgereihten Totschlägermänner und Schutzschildträger. Beide Seiten verharrten in ihrem Recht, schienen aber ratlos, wie mit der Situation umzugehen sei, als seien sie ganz unvorbereitet da hineingeraten.

Die eine Seite wusste nicht, was sie tun sollte, und die andere wusste nur, dass sie nichts zulassen wollte.

Je weniger geschah, desto größer wurde die Spannung. Mein Vater wurde unruhig und zog mich mit sich fort.

»Wir gehören hier nicht dazu.«

Gemeinsam kämpften wir uns durch die Menge an den Rand, wo man weniger dicht beieinanderstand.

Beim Weggehen sah ich einen Mann, der plötzlich zu weinen anfing.

In den umliegenden Straßen sah es nun völlig anders aus als vorher: wenige Leute, viele Uniformierte, kaum mehr Bewegung, überall Absperrungen.

Der grimmige Kopf blickte auf einen ausgestorbenen Platz. Die Augen waren leer. Von Staatsgeburtstagsfeierlichkeit keine Spur.

Die Straßenbahn fuhr planmäßig.

Als wir beim Abendessen wieder im Wohnzimmer saßen und der Fernseher lief, bekam ich doch noch zu sehen, worauf ich am Morgen vergeblich gehofft hatte: die Bilder vom Fackelzug am Vorabend und von der Militärparade am Vormittag.

Genau so, wie ich es mir vorgestellt hatte.

Doch nun war mein Interesse daran verloren. Ich hatte meine eigenen Bilder im Kopf. Und wusste von da an, dass ich eines Tages dieses Buch schreiben würde. Denn letztlich ist es ja auch meine Geschichte.

Nachbemerkung

Das vorliegende Buch basiert auf einer wahren Geschichte, die sich in den Jahren 1965 und 1966 zutrug. Als Ausgangspunkt für ihre erzählerische Rekonstruktion diente ein Gespräch, das der Schriftsteller Hermann Burger 1975 mit meinen Eltern führte. Es ist auf einer Audio-Kassette dokumentiert, die mit Burgers Nachlass ins Schweizerische Literaturarchiv (SLA) in Bern kam.

Ich wusste seit Kindertagen von diesem Gespräch, das in meinem Elternhaus stattgefunden hatte. 1993, wenige Jahre nach Burgers Tod und kurz nach der Gründung des SLA, habe ich die Aufnahme in den noch völlig ungeordneten Archivbeständen gesucht und schließlich in einer der vielen Schachteln gefunden. Aus lauter Freude habe ich die Kassette einfach eingesteckt, später aber wieder zurückgebracht.

Offenbar trug sich Hermann Burger mit dem Gedanken, die Geschichte nach der Beendigung seines Romans *Schilten* (1976) literarisch zu bearbeiten. Es sind aus dieser Zeit aber keine Notizen oder Fragmente dazu überliefert. Gut ein Jahrzehnt später ist er indes auf den Stoff zurückgekommen: Unter dem Titel *Fluchtliebe* findet sich in seinem Nachlass ein elfseitiges Typoskript, das im Jahr 1986 spielt. Es handelt sich um einen »Entwurf zu einem Fernsehfilm« (wohl für den SWR), der die Geschichte im Rahmen eines Scheidungsverfahrens erzählen sollte – in einem Setting, das für Burger selbst damals biografisch sehr bestimmend war (während meine Eltern bis heute zusammen sind).

Aus diesem Typoskript wurde für den vorliegenden Text nichts übernommen. Vielmehr beruht er, über das Gespräch von 1975 hinaus, auf eigenen Recherchen, Gesprächen und Erinnerungen sowie auf den wenigen Originaldokumenten, die sich erhalten haben: auf Ausweisen, Belegen, Briefen, Fahrscheinen, Flugtickets, Fotos und Stempelproben.

Zudem finden sich im Stasi-Unterlagen-Archiv die Justizakte MfS C-SKS Nr. 85210 aus dem Archiv der Zentralstelle Berlin sowie die Zentrale Materialablage (ZMA) Nr. 3803 der Bezirksverwaltung Karl-Marx-Stadt, 91 Seiten zu meiner Mutter und 16 Seiten zu meinem Vater. Die Akten wurden jedoch erst nach erfolgter Flucht angelegt und hatten entsprechend keine Auswirkungen auf die Ereignisse. Die darin enthaltenen Ermittlungsergebnisse, Vernehmungsprotokolle und Gerichtsbeschlüsse (inkl. Haftbefehl gegen meine Mutter) bestätigen aber die Handlung, wie sie hier erzählt wurde.

Zu den Quellen

Die zitierten Dokumente und Materialien befinden sich alle in meinem Besitz. Die Nachweise der Gesetzestexte und einige Informationsquellen sind die Folgenden:

Seite 13 *Wer durch Täuschung bewirkt* ...: »Schweizerisches Strafgesetzbuch«, Zürich: Orell Füssli Verlag, 1962, S. 160 f.

Seite 31 *Der Zweck des Abziehens von Arbeitskräften* ...: Oberstes Gericht der DDR, Urteil vom 27. Januar 1956 (zitiert nach Vormbaum, S. 197).

Seite 35-39 *Absatz 2* ...: Viele Informationen zu Kapitel 8 verdanke ich den Studien von Moritz Vormbaum, »Das Strafrecht der Deutschen Demokratischen Republik«, Tübingen: Mohr Siebeck, 2015, und von Andrea Schurig, »›Republikflucht‹ (§§ 213, 214 StGB/DDR). Gesetzgeberische Entwicklung, Einfluss des MfS und Gerichtspraxis am Beispiel von Sachsen«, Berlin/Boston: de Gruyter, 2016.

Seite 46-50 *Stempeletüden* ...: Einige Informationen zu Kapitel 10 verdanke ich Johann Schröpfer, »Hussens Traktat ›Orthographia Bohemica‹. Die Herkunft des diakritischen Systems in der Schreibung slavischer Sprachen und die älteste zusammenhängende Beschreibung slavischer Laute«, Wiesbaden: Harrassowitz, 1968.

Seite 68 *Nichtrückkehr ist eine Verletzung der Rechtspflicht* ...: »Strafrecht der Deutschen Demokratischen Republik. Kommentar zum Strafgesetzbuch«, Berlin: Staatsverlag der Deutschen Demokratischen Republik, ^{5}1987, S. 473 f.

Seite 69 *Vorbereitete Nichtrückkehr begeht* ...: Ebd., S. 476.

Seite 71 *Das Verlassen des Wohn- oder Aufenthaltsortes mit dem Ziel* ...: Ebd.

Seite 93 *Vernichtung liegt vor, wenn* ...: Ebd., S. 515.

Seite 104 *Vollendet ist das Verbrechen, wenn* ...: Ebd., S. 281.

Inhalt